学テ算数B問題

──答え方スキルを育てる授業の布石

河田孝文／林健広・TOSS/Advance 著

まえがき

　全国学力・学習状況調査算数B問題（以下「全学調算数B問題」）は、多くの子にとって難題である。

　第1の理由は、問題量の膨大さである。

　20ページにわたる冊子を40分で解かなければならない。算数の問題が、大量の文字の中で提示されるという経験が、子どもたちにはない。

　業者テストの問題文は、せいぜい4行である。

　子どもたちは、問題文から押し寄せる文字の洪水の中で「どのような場面」で「何を問われているのか」がわからなくなってしまう。

　しかし、この膨大な算数の問題をすらすら解く子もいる。その子の様子を注意深く見ていると、次のような作業をしていることがわかった。

　①　ゴールを確認（何を答えればいいのか）

　②　ルールの確認（どのように解くのか）

　③　スキルの確認（算数のどのスキルを用いるのか）

　④　解答作業

　このような考え方の道筋を整理し構造化すれば、B問題の解き方は、スキル化できるはずである。

　過去問について少し詳しく見てみよう。

　過去11回分の全学調算数B問題の出題傾向は、次のようになっている。

【答え方の傾向】

　A　短くかく問題→61問／168問

　B　長く書く問題→53問／168問

　C　選択肢問題　→54問／168問

「短くかく問題」とは、式、答え、図などを単発で答える問題である。

「長く書く問題」とは、事実・方法・理由などを言葉や式を使って書く、いわゆる「説明する問題」である。

「選択肢問題」とは、番号や記号を選んで答える問題である。

「算数Ｂ問題といえば、説明する作文」という印象があるが、必ずしもそうではないということがわかる。単発・作文・選択がまんべんなく出題されているのである。

そして、配点比重はどれも同じである。単発も１点、作文も１点、選択も１点である。

「説明する」作文スキルだけでは、全学調算数Ｂ問題を乗り越えることはできないのである。数学的な作文力と並行して別の算数学力もつけていかなければならないのである。

出題傾向を別の角度から見てみよう。

【出題方法から解答方法の傾向】

問題の文章（テキスト）には次の２つのタイプがある。

連　続　型：**文**と段落から構成され、物語、解説、記述、議論・説得、
　　　　　　　指示、文章または記録などに分類できる。

非連続型：データを視覚的に表現した**図・グラフ、表**・マトリクス、
　　　　　　技術的な説明などの図、地図、書式などに分類できる。

（文科省ＨＰより）

「連続型テキスト」は、文。

「非連続型テキスト」は、図・表・グラフ。

単純にこう考えればわかりやすい。

全学調算数Ｂ問題の出題→解答の傾向は、次のようになっている。

Ａ　連続型　→連続型　　27問／143問

Ｂ　連続型　→非連続型　10問／143問

Ｃ　非連続型→連続型　　98問／143問

Ｄ　非連続型→非連続型　 8問／143問

図・表・グラフ（非連続型）から読み取ったことを言葉や文（連続型）で答える出題が圧倒的に多いことがわかる。

この傾向から、子どもたちにつけるべき力が明らかになった。

・表を読み取る力

まえがき　　3

・グラフを読み取る力

・図を読み取る力

・長い文章を読み取る力

また、別の角度から全学調算数B問題を見てみよう。

【問題のタイプ】

算数B問題は、生活場面を切り取ったものがほとんどだ。

生活場面の状況設定の中に、解くべき問題がまぎれ込まされている。まぎれ込まされている問題を探し出すことが解答作業の第一だ。

次の作業は、探し出した問題の性格を分類することだ。

問題は、大きく次の3つのタイプに分かれる。

A　教科書の学習内容のライン上にある

B　教科書の学習内容のラインが複数ある

C　教科書の学習内容のライン上にない

Aタイプなら、問題の抽出ができれば、すぐに解くことができる。

Bタイプなら、抽出後に、既習内容のどれとどれかを特定しなければならない。

しかし特定してしまえば、そんなに難しくはない。

問題はCタイプだ。

子どもたちは立ち往生してしまう。これまで全く経験のない問題となるからだ。

例えば、A・Bタイプで割合問題と特定できる段階まで来た子ならば、すぐに正解にたどり着くことができる（もちろん、割合攻略法を授業で習い、スキルとして身につけている子なら、である）。

しかし、Cタイプは既習の学習内容の特定ができないから、活用すべきスキルも選択できない。

例えば、2011年に宅配便問題が出題されている。

荷物の「長さ」と「重さ」、2つの観点から送料を求める設問である。子どもたちは過去の学習内容もスキルもピンとこないだろう。

どうするか。

２つの数量関係を見て、決まりを見つけて答えにたどりつくしかない。

　Ａ・Ｂタイプならば、日常の教科書を使った授業で、スキルをきっちり身につけさせておけば乗り越えさせることはできる。

　Ｃタイプはどうするか。

　このような問題は慣れさせるしかない。

　どのように慣れさせるのか。

　「どうやって解けばいいのかわからない状態」をたくさん体験させるのである。

　向山型の難問五問一題選択システムを定期・不定期に授業で扱う。

　また、教科書でもその経験をさせることはできる。

　スキルを教える単元は、もちろん教科書通りにきっちりやる（ここを外してはＢ問題はおろかＡ問題でさえ解けなくなる）。

　算数教科書には、大きな単元と単元の間に１〜２時間で完結するような隙間単元がある。

　そのような単元は丸投げするのである。「やってごらんなさい」と。

　子どもたちは必死で取り組む（授業でスキルをきっちり教える授業をしている学級の子ならば、ほとんどがやる）。

　知能派、体力派どちらでも構わない。とにかく正解するまでノートにさせる。

　このような混とん状態を授業で経験させることも大切だ。

　以上に述べた内容が、本書には具体的な授業の形で紹介されている。

　子どもたちにＢ問題を乗り越えさせましょう！

　算数Ｂ問題を乗り越えるスキルの創造に挑戦したい。

　全学調算数Ｂ問題の出題傾向集計は、赤塚邦彦氏（北海道）から提供していただきました。

　　2017年12月

　　　　　　　　　　　　　　　　　　　　河 田 孝 文

まえがき　　5

もくじ

まえがき 0
- ・答え方の傾向
- ・出題方法から解答方法の傾向
- ・問題のタイプ

Ⅰ 全国学力・学習状況調査
算数Ｂ問題　対策スキル

1 傾向分析①　４ページ問題への対応スキル ················· 10
○で囲ませるのは３つ
1つ目は数字と単位／2つ目は図表／3つ目は条件

2 傾向分析②　生活とリンクした問題 ······························· 14
教科書にある「身のまわり」問題を必ず扱う
教科書の問題を必ず扱う／教科書の問題を「身のまわり」のものに変換していく

3 傾向分析③　説明問題―「事実」の説明 ························ 20
数の意味を問う発問をする
対応①説明の条件を○で囲む／対応②文で答えさせる／対応③数の意味を確認する

4 傾向分析④　説明問題―３つの書き方 ························· 24
教科書の型を写す→型をまねて説明を書かせる
「写す→できる」実践①6年「小数や分数の計算のまとめ」／実践②6年「比例と反比例」／実践③6年「分数のかけ算」／実践④5年「式の表し方と読み方」

5 授業で使える「説明」問題　５つのポイント ···················· 30
クラスで一番算数が苦手な子も説明が書けるようになる
答えを確定させる／ノートに書かせる／黒板に書かせる／黒板で評定する／隣同士で説明させる

6

II A問題完全クリア
学力形成の関所を越える手形スキル

1 くり下がりのあるひき算攻略のポイント …………… 34
ブリッジ、エアーブリッジ、くり下がり2回なし

全国学力・学習状況調査A問題で一番初めに出てくる計算問題の基礎となる
「くり下がりのあるひき算」／ブリッジで2年生単元を突破せよ／位が増えたら
エアーブリッジで突破せよ／空位がある問題はくり下がり1回で突破せよ

2 かけ算九九の習得は2年生担任の宿命！…………… 40
徹底した反復で難所を乗り越える！「かけ算九九」

2年生担任の宿命「かけ算九九」万策を用意し、突破させる／かけ算九九は教
師の執念だ

3 この教具で難所を乗り越える！ ………………………… 45
低学年「読み取る算数」

算数の総合格闘技「読み取る算数」／2つのスキルで攻略する「読み取る算数」

4 わり算の筆算 ……………………………………………… 50
基本型の徹底！ わり算筆算の難所をクリア必須手形3

手形1わり算筆算の基本型は見開き2ページでまとめる／手形2商を立てやす
くするための補助ステップ「かくす」／手形3仮の商が大きいときは「最初から」
やり直す

5 一億を超える数 …………………………………………… 55
「億君、万君、兆さん」で作業のミスが激減

手形1「数」から「読み」、「読み」から「数」への変換、万能ツール位取り表／手形2
億君、万君、兆さんは読みの手助けツール／手形3数直線のキモは「1目盛り」
当たりの数と近い数値を探すこと／手形4集めた数は位をそろえさせる

6 この教具で難所を乗り越える！ ………………………… 60
中学年「よみとる算数」

算数の総合力が問われる「読み取る算数」／「読み取る算数」ではこのスキルを！

7 割 合 …………………………………………………………… 65
数直線スキルで割合攻略

高学年の難所は数直線スキル／数直線のかき方

もくじ　7

8 単位の換算 ———————————————————— 70
この教具で難所を乗り越える！「単位の換算尺」
最難関「単位の換算」単位尺を使わせ平均148点／単位尺の応用

9 読み取る算数 ————————————————————— 77
このスキルで難所を乗り越える！ 高学年「読み取る算数」
算数の6年間の総決算「読み取る算数」「よみとる算数」ではこのスキルを！

Ⅲ この支援スキル効果あり！
学習困難な児童対応スキル

1 見えにくさ、聞こえにくさのある児童 ———————— 82
資格優位、聴覚優位の子の特性
はじめに／視覚優位／聴覚優位／終わりに

2 道具の操作が困難な児童 ——————————————— 86
コンパス・分度器の使い方訓練
低学年は教具の工夫を／中学年以降への対応／コンパス指導

3 心理的に不安定、人間関係形成の困難な児童 ——————— 90
ゴールを設定して不安定を攻略する
心理的に不安定、人間関係形成の困難な児童とは／ゴールを設定するから心理的な不安定を攻略できる／範囲が決まっているから心理的な不安定を攻略できる／確認作業の積み重ねが人間関係形成の困難さを攻略できる／一緒に作業をするから人間関係形成の困難さを攻略できる

4 読み書きや計算などが困難な児童 ———————————— 95
有効な対応スキル4
読みが困難な児童への対応スキル3／書きが困難な児童への対応スキル2／計算が困難な児童への対応スキル4

5 注意の集中を持続することが困難な児童 ——————— 104
作業指示→確認→ほめる
環境を整える／作業指示のある授業を展開する／作業指示の後は確認を入れる／確認の後はほめる／作業指示→確認→ほめるをリズム・テンポよく行う／個別支援は短く何度も

Ⅳ この支援スキル効果あり！
学習困難な児童対応スキル

1 抽象度が高い言葉の理解が困難 ··· 108
生活と関連づける・既習の言葉にする
指導①児童の興味・関心や生活経験に関連の深い題材／指導②既習の言葉
やわかる言葉に置き換える

2 文章の読み取り、立式が困難 ··· 112
頭の中をノートに整理させる
ステップ①教師がゆっくり強弱をつけて音読する／ステップ②何のお話です
か?と発問する／ステップ③頭の中をノートに整理させる

3 空間図形のもつ性質を理解することが困難 ···················· 117
実物に触らせながら言葉を言わせる
ポイント①実物を用意する／ポイント②触らせながら言葉を言わせる／ポイン
ト③展開図はタップリ45分使う

4 データをもとに、目的に応じてグラフに表すことが困難 ······ 121
グラフ5点セットを必ず確認する
グラフ5点セットを必ず確認する／同じデータで縦軸を変える／それぞれのグ
ラフのよさに気づかせる

5 算数が苦手な児童　対応スキル ··· 125
このスキル効果あり！
ほめる①小さなことをほめていく／ほめる②クラスの前でほめる／ほめる③
家族にほめてもらう／ほめる④校長にほめてもらう

6 ごく普通な児童　対応スキル ··· 129
教科書を使って授業する！
教科書チェック①単元末に教師がチェックする／教科書チェック②間違えた問
題は2回やり直しをさせる／教科書チェック③学年末にもう一度、教科書チェッ
クをしているか調べる

付録　全国学力・学習状況調査 ··· 133
算数B問題　解答要領

あとがき 135

もくじ　9

Ⅰ 全国学力・学習状況調査 算数Ｂ問題 対策スキル

1 傾向分析① ４ページ問題への対応スキル
○で囲ませるのは３つ

　全国学力・学習状況調査の出題は、国からのメッセージである。「このような問題が解けるようになる学力をつけなさい」というメッセージだ。
　難しいことはではない。
　今までの授業を少しだけ工夫していけばよい。

　Ｂ問題には４つの傾向がある。

〈傾向①〉問題は３～４ページ

　見開き２ページの問題はない。
　３ページか、４ページである。ということは、子どもたちはページをめくりながら、もしくは戻りながら、問題を解かなければいけない。
　これは、日頃の教科書や市販テストではないことだ。
　ワーキングメモリーが１つのことに限定されやすい、選択的注意がなかなかできにくい発達障害の子どもたちには大変な作業である。算数が苦手でつまずいているのではない。見開き２ページではないことによって、つまずいている。過去問で慣れさせることも大切だ。そのうえで、ただやみくもに繰り返しさせるのではなく、対応スキルも教えていく。

〈対応スキル〉○で囲ませる

　読みながら、○で囲ませていく。

○で囲ませることによって、どこが大事なのかパッと目に入る状態にしておく。ページをめくって戻るとき、どこが大事だったのか、すぐに目に入る。

　では、どこを○で囲ませていくのか。

　3つある。

(1)　1つ目は数字と単位

　例えば、平成29年度全国学力・学習状況調査では、次の問題がある。

　　ゆりえさんたちは、交流会に来てくれた地域の方20人に、お礼の手紙と記念品をいっしょに封筒に入れて送ろうとしています。1通送るのにかかる料金は、封筒の重さと大きさによって、次のように決まっています。

　数字と単位を○で囲ませる。

　この問題ならば、「20人」「1通」である。

　もちろん、日頃の授業で、数字と単位を○で囲むスキルを定着させておく。

　授業ではもちろん、市販テストでも、である。

(2)　2つ目は図表

　先の問題では「次のように決まっています」の後に、「1通送るのにかかる料金」の表が書かれている。

　表全体をクルッと大きく囲ませる。

　大きく、だ。

　囲ませることで、「ここが大事なんだな」と意識させる。

　図も同じ。

　図が出てきたら、大きくクルッと囲ませる。

　そのあと、表は1つ、図は5つ、小さく○で囲ませる。

Ｉ　全国学力・学習状況調査　算数Ｂ問題　対策スキル　　11

【図】大きく図全体を○で囲ませる。

　　　↓

　　題を○で囲ませる。

【表】大きく図全体を○で囲ませる。

　　　↓

　　① 表題　　② 出典　　③ 出典年度　　④ 縦軸の単位

　　⑤ 横軸の単位を○で囲ませる。

例えば、平成25年度全国学力・学習状況調査では、次の問題がある。

　かずやさんたちは、図書館に見学に来ています。

⑴　図書館の人が、平成15年から平成23年までの本の貸出冊数
　と来館者数（図書館に来た人の数）のグラフを見せてくれました。
　棒グラフは本の貸出冊数を、折れ線グラフは来館者数を表してい
　ます。

この文のあとに、棒グラフと折れ線グラフがある。

まずは、問題文に○で囲ませる。「平成15年」「平成23年」である。
数字と単位は必ず○で囲ませる。

次に、表。

① 表全体に○。

② 表題「本の貸出冊数と来館者数」に○。

③ 出典、出典年度はないので囲ませない。

④ 縦軸の単位、棒グラフの単位「冊」に○。折れ線グラフの単位
　「人」に○。

⑤ 横軸の単位「年」に○。

こうしておくと、表のどこがポイントなのか、目に飛び込んでくる。
ページをめくると、次の出題がある。

12

かずやさんが言った期間は、左のグラフの何年から何年までのことですか。

　「かずやさん」は「来館者数は増えたり減ったりしているのに、本の貸出冊数は変わらない期間があります」と言っている。
　見なければいけないのは、「来館者数」「貸出数」「年度」である。先のように○で囲ませておけば、どこを見ればよいのか、すぐにわかる。

(3)　3つ目は条件
　Ｂ問題には、必ず説明問題が出る。
　説明問題は、条件がある。
　「数と言葉を使って書きましょう」
　「式や言葉を使って書きましょう」
　「言葉や数や式を使って書きましょう」
　「はるおさんの説明に続くように」
　「グラフから読み取れる貸出冊数に着目して」
　「言葉や数、アからカまでの記号を使って書きましょう」
　「【カード差】【2けたのひき算の答え】の2つの言葉を使いましょう」
　　ただ、「説明を書きましょう」ではない。必ず条件がある。
　　説明問題を解かせる際、子どもたちには次の2つを話す。
　①　説明問題には必ず条件があること
　②　条件を○で囲むこと
　この2つである。

【林　健広】

2 傾向分析② 生活とリンクした問題
教科書にある「身のまわり」問題を必ず扱う

〈傾向②〉生活とリンクした問題

全国学力・学習状況調査の問題内容は、大きく分けて4つに分類される。

① 学校生活とリンクした問題
② 学校外の生活とリンクした問題
③ 時事とリンクした問題
④ その他（図形）

■学校生活とリンクした問題
　理科の実験でのふりこ。学校の水の使用量。宿泊学習の計画。音楽の打楽器の楽譜。学習発表会でのメダルづくり。図書委員会の本の貸出。ソフトボール投げの線引き。児童会でのペットボトル集め。交流会後お礼の手紙の郵送。ハンカチティッシュ調べ。
■学校外の生活とリンクした問題
　遊園地の乗物券。図書館の貸出冊数。家から店にいく地図。買い物の割引。
■時事問題とリンクした問題
　サッカー女子ワールドカップ前後の客の変化。日食。

　この4つのうち、学校生活もしくは学校外とリンクした問題が多い。どう対応するか。

〈対応〉教科書を軸として授業を進める

(1) 教科書の問題を必ず扱う

　学校生活とリンクした問題に慣れるために、教師が学校生活とリンクした問題を毎日出題するのは大変である。教科書を軸として授業すればよい。

　教科書には、学校生活とリンクした問題、学校外とリンクした問題がたくさんある。その問題を「ここは飛ばします！」としないことだ。

　例えば、啓林館。1年生から6年生までに次の問題がある。

学年	問　　　題
1年	■20までのかず 「20までのかずのものをみつけましょう」
2年	■ひょう・グラフと時計 「みのまわりからいろいろな時計をみつけましょう」 ■かけ算 「みのまわりから、かけ算でもとめられるものをみつけましょう」 ■10000までの数 「さがしてみよう　みのまわりの10000までの数」
3年	■わり算 「身のまわりから、わり算になる問題をいろいろつくってカードにかきましょう」 ■円と球 「身のまわりから、円と球の形をしたものをみつけましょう」

Ⅰ　全国学力・学習状況調査　算数Ｂ問題　対策スキル　　15

4年	■折れ線グラフ
	「身のまわりで使われている折れ線グラフをみつけましょう」
	■一億をこえる数
	「さがしてみよう　身のまわりの一億をこえる数」
	■垂直・平行と四角形
	「さがしてみよう　身のまわりの台形・平行四辺形・ひし形」
5年	■平均
	「身のまわりから、平均が使われているところをみつけましょう」
	「次のようなものの平均を、実際に資料を集めて求めてみましょう。グループやクラスなどでそれぞれ平均を求めて比べてみましょう。㋐1週間によんだ本のさっ数」
	■角柱と円柱
	「身のまわりから、角柱や円柱の形をしたものをみつけて、その見取図をかきましょう」
	■体積
	「さがしてみよう　身のまわりの体積や容積」
	■割合
	「さがしてみよう　身のまわりの百分率や歩合」
6年	■対称な図形
	「身のまわりから、線対称な形をみつけましょう」
	「身のまわりから、点対称な形をみつけましょう」
	■文字と式
	「身のまわりから、x×4になるものをみつけましょう」
	■比とその利用
	「みさきさんとお父さんは、年れいの比の変わり方を調べて

います。（略）ほかの人とも同じことをやってみましょう」

■速さ

「身のまわりから、時速、分速、秒速が使われているところをみつけましょう」

「さがしてみよう　いろいろな動物の速さ」

■拡大と縮小

「さがしてみよう　身のまわりの拡大と縮小」

■比例と反比例

「身のまわりから、比例する２つの量をみつけましょう」

■およその形と大きさ

「身のまわりのものの、およその形を考えて、その面積を求めてみましょう」

■量の単位

「身のまわりで、重さの単位がどのように使われているか、調べてみましょう」

　このように、教科書には「身のまわりにある」問題がたくさんある。次のように指示するとよい。

　身のまわりにある「○○」を集めなさい。
　身のまわりにある「○○」をノートに書きなさい。

　宿題にするならば、「お家の方に聞いておいで」「本や新聞に載っているよ」と調べる方法まで教えておく。

　また、「平均」では「歩幅から距離」を調べる学習もある。

　自分の歩幅の平均を求める学習だ。

　ただ校舎の長さを調べるだけではもったいない。

　「やりたい人は、学校から家までの道のりはどのくらいか、調べ

Ⅰ　全国学力・学習状況調査　算数Ｂ問題　対策スキル　　17

てごらんなさい」

子どもたちに、大人気の宿題だ。特にやんちゃな男子に人気だ。

次の日に、計算したノートを持ってくる。

自分の1歩の長さと、学校から家までの歩数をかけ算してくる。やんちゃな男子が素直に言う。

「でもね、歩幅がときどき変になったから、今日もしてみます！」

「そうかあ！　では、1日目と2日目の平均をさらに求めるといいよ」

大事なことは、教科書の「身のまわりにある」問題を必ず扱うこと。飛ばしてはいけない。

⑵　教科書の問題を「身のまわり」のものに変換していく

教科書の問題を、「身のまわりにある」問題に変換していくことも必要である。

例えば、向山洋一氏は、「四捨五入」で次の授業をしている。

「245490はおよそ何万といえますか」という問題。

向山学級では、4通りの答えが出ている。

① 松崎案　24万　　　② 柳井案　25万

③ 安生案　20万　　　④ 坂口案　24万5千

私なら、「②の25万」だけに丸をつけるだろう。そして、他のは「×」をつけるだろう。向山氏の対応は、まったくもって違う。

まずは「④ 坂口案　24万5千」。

「何万かという問いだから、千をつけてはいけない。24.5万といういい方なら正解だと話した」

問いに正対していないことで間違いとしている。

そのうえで「24.5万」という別の視点を示している。

私のようにただ「×」をつけることとは異次元だ。子どもが喜ぶのは、どちらの対応だろうか。

一目瞭然だ。向山氏の対応のほうがはるかに喜ぶ。

次に「① 松崎案　24万」と「② 柳井案　25万」。

　私なら「② 柳井案」だけに丸をつける。向山氏は「どちらも正解です」としている。向山氏が予想した通り、子どもたちから質問が出る。その質問とは、四捨五入だから25万だというのだ。ここからの対応は学びが濃い。

---

①　「予想通りの質問が出た」
②　「私は予想通りであることに、ほくそ笑んで、まず予習の態度をほめた」
③　「そして四捨五入は、1つの方法にすぎないこと」
④　「お買いものにはおまけとして端数を9捨0入にすることがあること」
⑤　逆に0捨9入もあること」

　対応力とは、「知的さ」が必要なのだ。向山氏は「買い物」という生活の知恵も教えている。

　さらに、向山氏は宿題を出す。

「14、15、16は約10か約20か。理由も言いなさい」

　概算は、平成27年度全国学力・学習状況調査B問題で出題されている。

　はるかさんのおよその数の計算で、12月に3000個集まればよいことがわかります。実際の数で計算しなくても、12月に3000個集めればよいことがわかるのはなぜですか。

　概算と、向山氏の実践はつながる。授業の中で、「生活」とリンクさせる発問・指示も、時に必要である。

【林　健広】

3 傾向分析③ 説明問題—「事実」の説明
数の意味を問う発問をする

〈傾向③〉説明問題

全国学力・学習状況調査算数Ｂ問題には説明問題がある。

３つの種類の説明だ。

事実の説明

方法の説明

理由の説明

■事実の説明

事実の説明は、例えば、次の問題である。

① 14.5は何を求めていますか。答えを書きましょう。

② ２人の⑦のリズムが重なる12小節目の「12」はどのような数ですか。言葉と「4」と「6」の数を使って書きましょう。

③ 式の中の0.4や0.3はどのような時間を表している数だと考えられますか。言葉や数を使って書きましょう。

④ 360÷120はどのようなことを計算している式ですか。言葉と数を使って書きましょう。その際、「360」と「120」が何を表しているのかがわかるようにして書きましょう。

⑤ 図形の特ちょうを、言葉と地図にある記号を使って書きましょう。

⑥ そうたさんが言うように、カードの差を使って、２けたのひき算の答えをかけ算で簡単に求めることができるきまりがあります。このきまりを言葉と数を使って書きましょう。そのとき、「カー

ドの差」「2けたのひき算の答え」の2つの言葉を使いましょう。

　事実の説明に対応する指導は、3つである。

〈対応①〉説明の条件を○で囲む

　どの問題も「説明しましょう」だけではない。必ず条件がついている。「4と6の数を使って」「言葉や数を使って」「言葉と地図にある記号を使って」というようにだ。

　必ず説明問題には条件があることを教える。

　そして、条件を○で囲ませる。上の問題ならば「4と6」「言葉や数」「言葉と地図にある記号」を○で囲ませる。

　また、日頃の授業でも、条件をつけて説明を書かせる。

　「言葉と数を使って説明を書きなさい」「言葉と式を使って説明を書きなさい」「言葉と表を使って説明を書きなさい」などというように条件をつけて、説明を書かせる。

〈対応②〉文で答えさせる

　例えば、「とりが　6わ　いました。2わ　とんでいくと、のこりは　なんわに　なりますか」という問題が教科書にあったとする。

　このとき「答え　4わ」と答えさせない。

　文で答えさせる。

　「とりは　4わです」と答えさせる。

　ほんのちょっとした違いだが、後者のほうが1年生の頃から事実の説明に慣れていく。説明は、単語ではなく、文だからだ。

〈対応③〉数の意味を確認する

Ｉ　全国学力・学習状況調査　算数Ｂ問題　対策スキル　　21

「数の意味」を問う。向山型算数では定石の指導だ。

向山洋一氏は、20代から実践している。

　100チームでトーナメントをすると試合の数は100－1＝99となります。1は何をあらわしているのでしょうか。

　5年1組算数試験問題

　　　　　　　　　　『年齢別第7巻』p.161　東京教育技術研究所

他にも数字の意味を問う授業がある。

「さおりさんが　1れつにならんでいます。さおりさんは　前から8番目でうしろから7番目です。ぜんぶで　何人ならんでいるでしょう」

向山氏は、5つのパーツで授業をしている。

①　さおりさんを指でさす。

　　「前から数えてごらんなさい」

　　「後ろから数えてごらんなさい」

②　「さおりさんの前には何人いるの？」（7人）

　　「さおりさんの後ろには何人いるの？」（6人）

③　「じゃあ、7+6だね」。子役からおかしい！と出る。

④　「おかしいね。直してごらんなさい」

⑤　7＋6+1＝14

　　「1って何だろうね」

　　「1の下に、さおりさんと書いておきなさい」

この式の「1」の意味を聞く。

「1って何だろうね」と聞くのだ。

どの単元でも追試できる。私の実践。啓林館4年「式と計算の順序」。

「180円のジュースと90円のパンを買って、500円出しました」

そして、2つの式がある。

①　500－180－90＝230

②　180＋90＝270　　500－270＝230

ここで、次の発問を入れる。

「180と90とは何ですか？ 下に書きなさい」

そんなに時間をかける必要はない。

毎回、式や数の意味を問う必要もない。ときどき、この意味を問う発問をする。慣れさせることが大事である。

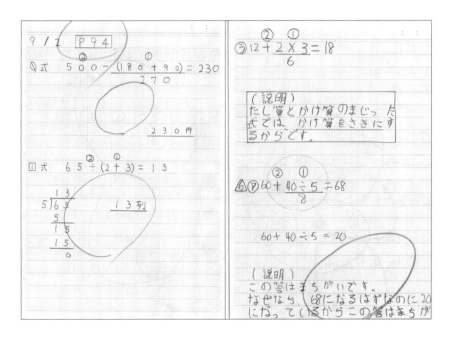

【林　健広】

傾向分析④ 説明問題―3つの書き方
教科書の型を写す→型をまねて説明を書かせる

　子どもにとって、説明を書くことは難しい。
　大人でも難しい。
　少しでも子どもが説明する文を書こうとしていたら、「上手だよ」「説明がうまいね」とほめ続けることが一番のポイントだ。
　ただ、全国学力・学習状況調査の説明は、すべて自分で説明を書かせる問題はあまりない。以下の3つのような書かせ方が多い。

〈傾向④〉説明問題　3つの書き方

---

① トレース型
　（例）【よし子さんの説明】をもとに、面積が4㎠小さくなることを説明すると、どのようになりますか。下の㋤㋥㋕に入る説明を、言葉と式を使って書きましょう。
② 選択型
　（例）その数を選んだわけを、2人の考えのどちらか一方をもとにして、言葉と数や式を使って書きましょう。
③ 続き型
　（例）はるおさんの説明に続くように、1辺が9cmの正方形を24個かくことができるわけを言葉や式を使って書きましょう。

　全部説明を書かせる問題だけでなく、トレースしたり、選択したり、続きを書かせたりと、ある程度の補助がある。
　日頃の授業でも、①トレース型、②選択型、③続き型で説明を書かせていく。対応は、型を写すことだ。

〈対応〉教科書の説明の型を写す
　　　→練習問題は手放しで説明させる

「写す⇒できる」実践①　6年「小数や分数の計算のまとめ」

問題文を教師が読む。
「次の小数や分数の計算について、四角にあてはまる数を書きましょう」
そのあとで、子どもたちにも、読ませた。
「四角に数字を書きこみなさい」
教科書には、

　㋐　5.4＋3.2
　　　0.1が何個あるかを考えると、
　　　0.1が（□＋□）個で、□です。

と、ある。教師は説明しない。説明すればするほど、子どもは混乱する。

　数秒後、指名した。教師は、電子黒板に答えを書いた。
「みんなで読みます」
もう一度、読ませる。
「ノートに写しなさい」
子どもたちのノートは、右のようになった。
　同じようにして、次の問題へ進む。
　同じようにして説明を書かせる。

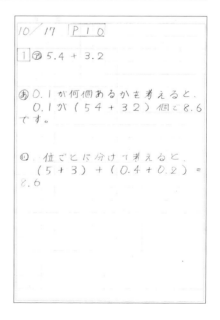

I　全国学力・学習状況調査　算数B問題　対策スキル

| 「先ほどのように説明を書きなさい」と指示する |

　子どもたちは、食い入るようにして、先の説明を読み直し、まねをして書いている。
　このように教科書の型をまねして、説明を書かせる体験を意図的に積ませていく。

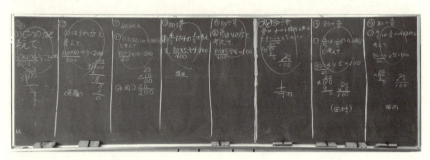

「写す⇒できる」実践②　6年「比例と反比例」

　反比例。
　教科書には、「縦の長さと横の長さの関係を、表を見てくわしく調べましょう」とある。
　男の子の説明と、女の子の説明がある。
　教師は一切説明しない。

| 「そこに書いてあることを、見開き2ページにまとめなさい」 |

　鉛筆の音だけが聞こえる、集中した空間であった。
　30分後にできたノートが右ページである。
　練習問題でも同じようにする。
　「男の子のやり方、女の子のやり方、どちらでもいいですから、反比例かどうか調べなさい」
　全国学力・学習状況調査のように選択させるのである。

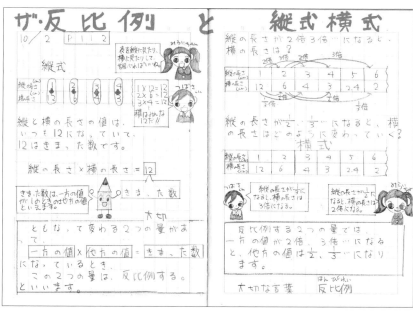

「写す⇒できる」実践③
6年「分数のかけ算」

ときに、「写しなさい」だけでは、説明が足りなかったり、意味がわかりにくかったりする文が教科書にある。

教科書の説明に、教師が修正を加える。

例えば、右の説明。

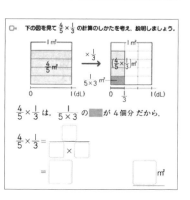

一文が長い。

達意の文にするためには、一文が短いほうがいい。

> 一文が長いので、「だから」の前で切るようにした

「〜4個分。だから、〜」と説明を書かせた。

「説明は短い一文のほうがいいんだよ。相手がわかりやすくなるからね」と趣意説明もする。

次の問題では「同じようにして説明を書きなさい」と指示した。

「写す⇒できる」実践④　5年「式の表し方と読み方」

いきなり「写しなさい」だけでなく、最初に隣同士で説明を言い合いさせるときもある。

隣同士で言い合いさせることで、視覚と聴覚の両方から説明の型が入る。

「右のように、おかしが箱にはいっています。みらいさんは、個数を

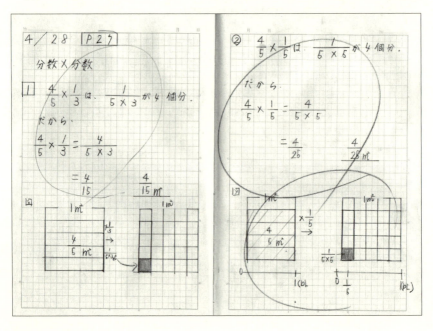

求める式を４×５と考えました」

「みらいさんの考え方を、隣同士で説明しなさい」

　子どもたちは、すぐにお互いに言い始めた。これは、すぐに言える。なぜか？　教科書に説明の型が書いてあるからだ。
　指名する。
　算数が一番苦手なＡ君に指名した。
　隣同士で説明し合っているときに、正解の説明を言っていたからだ。
　（おかし４個を１組としてまとめると、５組できます。だから、式は、４×５となります）
　「その通り！　Ａ君、説明が上手だなあ‼」
　説明を苦手という子が多い。だからこそ、授業で意図的に「説明が上手だ」「１学期より上手になったよ」と１年間ほめ続けることが大事だ。
　そのあと、ノートに説明を写させる。
　そして、練習問題は「同じように説明しなさい」と指示した。

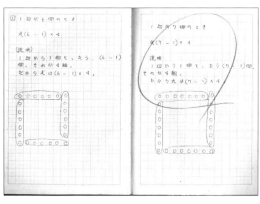

【林　健広】

5 授業で使える「説明」問題 5つのポイント

クラスで一番算数が苦手な子も説明が書けるようになる

算数の「説明力」は、4月から実践していく。

1回や2回では、説明力はつかない。場数を積ませる。

例えば、「つばささんの言っていることは正しいですか。正しい、正しくないかのどちらかで答えましょう。また、そのわけを、言葉や式を使って説明しましょう」という問題がある（6年・啓林館）。

クラスの一部の子だけが活躍する授業をしてはならない。全員の原則は、「説明」問題でも通じる。全員を巻き込むためのポイントは5つある。

---

①　答えを確定させる

「正しいですか、正しくないですか。お隣と相談」

数秒後、手を挙げさせ確認する。私の学級では、1名が正しくない、34名が正しい、だった。「では、意見をどうぞ」。意見が続く。林学級では、数分後には「やっぱり正しい」と1人の子が納得した。ここに時間はかけない。大事なのは、説明させるほうだ。

理由の説明でも、方法の説明でも、答えを確定させてから説明を書かせる。

---

②　ノートに書かせる

「理由を、班で話し合ってみましょう」としてはならない。算数が苦手な子は、班の中で何もしない。ぼ〜っとしている。活躍するのは、算数が得意な子だけだ。

ぼ〜っとさせないためにどうするか？　自分のノートに書かせるのだ。

途中、「まだ1文字も書いていない人は立ってもらおうかな」と言う。

　授業には、多少の緊張感が必要だ。「こういうときに、何か書くことが大事なのだ。一番いけないのは何にも書かないこと」と趣意説明もする。

　書けた子からノートを持ってこさせる。

---

③　黒板に書かせる

　黒板に理由を書かせる。早く書けた子からのときもあるし、教師が選んで書かせるときもある。

　いずれにせよ、必ず黒板に書かせる。

　黒板をもとに、クラスみんなで話し合いをさせるからである。

　アクティブ・ラーニングさせるための土台となる。

　なかなか鉛筆が進まない子もいるだろう。

　「黒板を参考にしてもいいですよ」という。

　どの子のノートにも、教師が丸をつける。

---

④　黒板で評定する

◇基本編◇

　黒板に理由を書かせる。

　教室前の黒板に8人、教室後ろの黒板に2人、合計10人の理由が並ぶ。説明させるときは必ず指示棒を持たせる。

　指示棒があるだけで、説明がしやすくなる。「ここをかけたので」というとき、「ここ」を指せばいい。

　図や表を指せばいい。発表が終わる。私が点数をつける。

　「5点」「6点」「10点」。子どもたちから「おおお！」と歓声があがる。

　「今のを参考にして、もう一度、説明を書きなさい」

　子どもたちの説明は、ぐ～んと飛躍する。

Ｉ　全国学力・学習状況調査　算数Ｂ問題　対策スキル　　31

向山式要約指導と同じである。

◇応用編◇

　1学期末には討論をさせていく。

　黒板に書いた10名の子どもが説明する前に、教師がひと言言う。「あとで、誰の説明がよいとか、こうしたらよりよくなるとか、発表してもらいます」。

　10名の発表が終わる。

　「では、どうぞ」と教師が言う。指名なしで意見や感想が続く。「次郎君の説明の中に、いきなり9が出てきます。代案として、Cの資料は9つの地方があるから、9。と説明を入れたほうがいいです」「太郎君の説明がいいです。なぜなら式があるからです」「その意見に反対です。問題文には、式や言葉とあります。式と言葉ではありません」。

　指名なし討論を毎日している学級なら、発表はどんどん続く。5〜10分ぐらいしたら、途中でも打ち切る。

　討論させることが、授業の目的ではない。

　討論させることで、よりよい説明にさせることが目的である。

---

⑤　隣同士で説明させる

　最後に、「隣同士で説明、言い合いっこしなさい」と言う。

　例えば、黒板の前で説明したのは10人。

　残り21人は説明していない。説明力をつけるには、説明した「数」を増やすことが必要だ。「隣同士」は時間をかけず、数を増やせる。

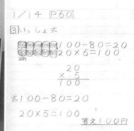

【林　健広】

I　全国学力・学習状況調査　算数B問題　対策スキル　33

II A問題完全クリア
学力形成の関所を越える手形スキル

1 くり下がりのあるひき算攻略のポイント
ブリッジ、エアーブリッジ、くり下がり2回なし

(1) 全国学力・学習状況調査A問題で一番初めに出てくる計算問題の基礎となる「くり下がりのあるひき算」

　全国学力・学習状況調査のA問題は、計算問題が1つ出題される。計算問題は、これまでの学習の成果の積み上げが物を言う。

　基礎基本のスキルの積み上げが大切だ。以下は、出題された問題である。

```
H20  132－124           H21  80－30÷5
H22  243－65、8－0.5     H23  806－9    H24  4.6－0.21
H25  243－65、16－(6＋3) H26  9－0.8、100－20×4
H27  6.79－0.8          H28  905－8
```

　毎年出されるほどの重要単元である。2年生のうちに習得して、3・4・5年生へとつなげたいスキルである。

(2) ブリッジで2年生単元を突破せよ

　2年生で出てくるひき算の筆算は、河田孝文氏の「ブリッジ」の実践で、クラス平均92点だった。アルゴリズムを言わせながら、練習することがポイントとなる。

　「一の位　3－6はできない」
　「10かりて、4」

　先に10を書かせることで、計算ミスが劇的に減る。実際は、子どもたちは教科書で、教師は黒板に書いて

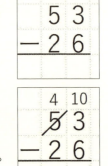

作業する。

「ブリッジ」

「ブに力を入れて。ブリッジ」

ブリッジでつなぐことで、1年生のくり下がりのあるひき算に変換できる。

「10－6＝4」

「3＋4＝7」

「十の位の計算」

「4－2＝2」

「答えは、27です」

教科書で一度アルゴリズムを確認したら、次はノートにもう一度書かせる。

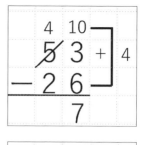

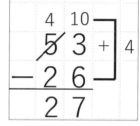

スキルを確認するためだ。その後、教師にもってこさせて、もう一度確認をする。

2年生の1学期は、ブリッジで「くり下がりのあるひき算」は、難なく突破することができる。

(3) 位が増えたらエアーブリッジで突破せよ

2年生の2学期に入ると、(3けた)－(2けた)の筆算となる。

くり下がりのないものなら、そのまま計算すればいい。

一の位だけのくり下がりなら、ブリッジをそのまま使えば解ける。

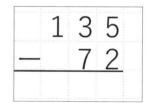

だが、十の位にくり下がりのある計算でブリッジを行えば、ノートはぐちゃぐちゃになってしまう。

計算ミスも多くなることは、間違いない。

そこで、河田孝文氏が開発した新スキルが「エアーブリッジ」である。

ノートをぐちゃぐちゃにせずに、計算スキルを確実に習得することが

できるものである。
　「まず、何をしますか」
　1学期に既習の事項なので、子どもたちに言わせることがポイントだ。アルゴリズムを覚えているかの確認ができる。
　「一の位」
　「5－2＝3」
　「次は何をしますか」
　これも既習事項なので言わせる。
　既習と未習を分けておく。
　「十の位」
　「3－7はできない」
　「10かりて、0」
　「次、何をしますか」
　子どもたちは、当然「ブリッジ」と答える。ここから、授業を盛り上げるのだ。
　「時代は、変わったんだ」
　「エアーブリッジ」
　「ブに力を入れて。エアーブリッジ」
　「10－7＝3」
　「3＋3＝6」
　「答えは、63です」
　ブリッジを書かせずに、③と書くことで、ノートがぐちゃぐちゃになることがない。すっきりしたノートづくりも大切なスキルだ。
　ブリッジ、エアーブリッジは発達障害児に有効なスキルでもある。
　子どもの発達科学研究所主席研究員の和久田学氏は、「注意機能を高める」ため、「算数LD

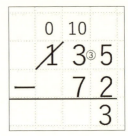

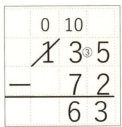

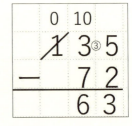

に効果があると述べている。

(4) 空位がある問題はくり下がり１回で突破せよ

次の問題は、空位があるものだ。

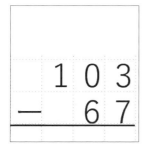 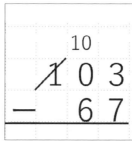 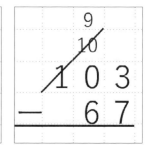

十の位が０のため、くり下がりを２回することになる。

この２回くり下がりで、子どもたちは、計算ミスを頻発するようになる。十の位に数字が縦に並び、ミスを連発するようになるのだ。

そこで、河田孝文氏が考えたスキルがこれだ。

100の位までを一つの数字と見て、計算をするものだ。

これによって、劇的にすっきりした計算スキルとなる。

このスキルだと、今までの既習事項のお隣の位から10かりてくるのと変わらないので、子どもも理解しやすい。

「まず、何をしますか」

「一の位」

「３－７はできない」

ここからが大切だ。ただ、一気に10かりて９とするのは、飛躍しすぎている。

河田氏はこう趣意説明する。

「十の位からかりられないときは、100の位まで考えて、０と考えないで、10と考えますよ」

「10かりて９」

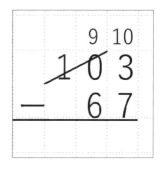

「次、何をしますか」
「エアーブリッジ」
「みんなで一緒に」
「エアーブリッジ」
「10－7＝3」
「3＋3＝6」
「次、何をしますか」
「十の位」
「9－6＝3」
「答えは、36です」

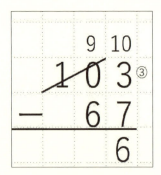

ノートに書かせるときは、エアーブリッジの③と、くり下げた9の位置がずれやすい。
ノートチェックも併せて行うことが大切だ。

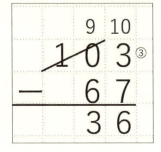

〈この題材指導のワンポイント・アドバイス〉
① 一番起こりやすい学習困難状態はどこか
　アルゴリズムを覚える中で、混乱が生じる。さらに、5年生になれば、位を意識しないで計算するようになる。
② 効果がある指導のポイントは3つである
　1つ目は、アルゴリズムを抜けや落ちがないようにすることがポイントだ。位を確認して計算することが、学年が上がったときにも生かすことができる。
　2つ目は、ブリッジを声に出させることだ。「ブリッジのブに力を入れて」と指示を入れることで、記憶にも残りやすい。エピソード記憶にもなる。
　3つ目は、趣意説明などで指示と指示の間を滑らかに指導をすることである。間を飛躍させると、子どもが混乱する。思考をスムーズに流す工夫がいる。

●この題材で小話＆クイズ

〈小話「ブ、ブ、ブリッジ」〉

子どもたちは、ブリッジが大好きだ。

「ブリッジ!!」と何度も大きな声で言いながら、計算を解いていく。

「エアーブリッジ」に進化したときは、歓声が上がる。算数が楽しくなる単元だ。

【下窪理政】

＜コラム＞ ぼく、算数が一番大好き!!

今年度、初めての２年生を担任している。２年生の算数は、重要な単元が多い。かけ算九九、くり上がりのある２けたどうしのたし算、くり下がりのあるひき算、長方形と正方形など、これからの基礎となる考え方が満載である。

２年生での河田実践では、「ブリッジ」がある。ブリッジは、発達障害児にも優しい指導法である。私のクラスの最前列にADHDのお子さんがいる。毎回の授業で、指示の細分化、ステップの細分化を意識して行った。そして、「ゴールを設定する」ことをサークルで学び、授業を組み立てた。４・５月は、60点前後を連発する。彼は、「やったあ。去年より点が取れてる」と喜んでいた。これを見て、いつかは絶対100点を取らせてあげたいと決意した。

１学期の「くり上がりのあるたし算・ひき算①」に入った。何度も問題を解きながら、「ブリッジ、ブリッジ」とつぶやく。自分なりのペースで、問題に向かい続ける。そして、テストは73点だった。「先生、もうちょっとだったのに」と悔しそうに、答案を見ていた。

夏休みの明けた９月になった。「くり上がりのあるたし算・ひき算」からスタート。今回は、「エアーブリッジ」も追加している。「エアーブリッジ、エアーブリッジ」と一番前で何度も唱えながら、解いていた。１学期の悔しさを胸に、迎えたテスト。90点を取ることができた。彼が、「ぼく、算数が一番大好き！！」と笑顔いっぱいで話してくれた。

Ⅱ　A問題完全クリア　学力形成の関所を越える手形スキル　　39

2 かけ算九九の習得は2年生担任の宿命！
徹底した反復で難所を乗り越える！「かけ算九九」

(1) **2年生担任の宿命「かけ算九九」万策を用意し、突破させる**

　小学2年の最難関は「かけ算九九」。3年生以上の算数の生命線となる。全国学力・学習状況調査のA・B問題の土台になる単元である。2つのポイントで指導した。

　1つ目は、教材教具を用意することだ。TOSSには、発達障害の子どもたちにも対応した必勝教材が満載だ。

　① **必勝教材1　かけ算九九の助**

　1つ目の教材教具は、かけ算九九の助。かけ算は、暗記が重視される。だが、量感をつけて記憶を強化するのも大切なことである。九九の助は、何より操作が簡単である。向山洋一氏は、「かけ算指導の5倍も10倍も効果がある」と明言される。教材には、赤いドット図がかいてある。もう1枚、青い尺を当てる。矢印が書いてあるところまでのドット図を数えることで、数がわかるようになっている。この教材をなしにして、かけ算九九単元をクリアーすることは不可能である。東京教育技術研究所で販売されているので、手に取っていただきたい。

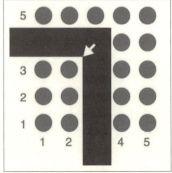

②　必勝教材２　百玉そろばん

　授業の導入には百玉そろばんがいい。リズムとテンポをつけて指導ができる。5の段、2の段、3の段、4の段と進めていくと盛り上がること間違いなしである。百玉そろばんは、量感を育てるだけでなく、そろばんをはじいたときの「カチッ」という音がポイントである。聴覚刺激を入れることで、集中して取り組むことができる。

③　必勝教材３　TOSSかけ算九九下敷き

　3年生を担任したとき、かけ算九九をマスターせずに、わり算に入った子どもがいた。できなくて、家でも泣いていたそうだ。学校には、かけ算九九表を教師が自作したものがあった。だが、九九表を持つことは周りに九九ができないことを証明するようなことになる。TOSSかけ算九九下敷きは、下敷きの機能がある。わからないときは、繰り返し見ることができる。九九下敷きを渡して2か月。そのお子さんは、かけ算九九表を見ずに九九を習得した。

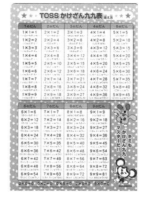

④　必勝教材４　TOSSランド

　今年、初めての2年生の担任となった。かけ算九九の習得の戦略を練る。4月、戦略の生命線に選んだのはTOSSランド。全国の実践家のかけ算九九習得までの道のりが一目瞭然だ。すぐに、プリントアウトして、ノートに貼り付ける。教材教具を用意した次の段階は、教科書の確実な習得を目指す。TOSSランドには、全国の実践家の汗と涙の結晶が詰まっている。

　TOSSランドから学んだことは、

　①ペアで学習を繰り返し行うこと

Ⅱ　A問題完全クリア　学力形成の関所を越える手形スキル　　41

②ただの暗記にならないように、かけ算九九の仕組みを習得させること
③九九フラッシュのコンテンツを使うこと
④検定者（教師）がテストを行うこと
⑤子どもTOSSランドを使うこと
⑥かけ算ファイター「さが」を保護者に紹介すること
⑦逆から言わせたり、バラバラで言わせたりすること

(2) かけ算九九は教師の執念だ

　かけ算九九の指導は、幅広く行われている。先輩教師から情報を集めることも大切なことだ。万策尽きるまで、教育界に眠る指導法を徹底的に集める執念がいる。

◆指導法をストックして、迎え撃つ
① 他教科でもかけ算九九ができる「話す・聞くスキル」

　「話す・聞くスキル」2年生版には、かけ算九九が収録されている。国語の時間の導入に行った。また、「話す・聞くスキル」のテストをし、かけ算九九の読み方をマスターさせることができる。

② 全国学力調査を見据えて対応を考える

　全国学力調査には、毎年かけ算の問題が出ている。A問題では、毎年１問は必ずかけ算の問題だ。

　平成27年度には、かけ算九九が土台になった問題が出題されている。その他にも、H25遊園地問題、H27買い物問題、H29 1から9までのカード問題と出題されている。東京教育技術研究所で、TOSS算数PISA型スキル　No.5 かけ算九九も活用ができる。低学年から指導を蓄積させたい。

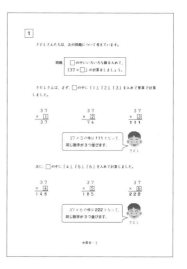

〈この題材指導のワンポイント・アドバイス〉
① 一番起こりやすい学習困難状態はどこか
　　暗記をすることだけに終始してしまいがちである。かけ算の仕組みが理解できる工夫が教科書にあるので、指導に気をつけたい。
② 効果がある指導のポイントは２つである
　　１つ目は、教科書を教えながら、個別に力を検定する必要があることである。子ども任せ、保護者任せにしてしまってはいけない。まずは、教師が時間を見つけて、最後の最後までマスターできるように寄り添い続けることである。
　　２つ目は、教材教具を用意することだ。教科書だけでは理解が進まない子どもがいる。視覚情報優先か聴覚情報優先かは子どもによって変わる。柔軟な対応が必要である。

●この題材で小話＆クイズ

〈小話１　九九は奈良時代の発明〉

　九九は、奈良時代の貴族の教養の１つであった。非常に便利なので、重宝されていた。だから、庶民に覚えてもらっては困るという考えから、「九九」は言葉として残ったのである。誰もがわかるものは歓迎されなかった。

〈小話２　外国の九九の話〉

　日本には、かけ算九九を言葉で残している。外国ではどうなのか。かけ算九九は、外国にもあるのだ。

　ドイツでは、かけ算九九を12の段まで覚える。もっとすごい国がある。数字の生まれた国インド。インドには、20の段まで覚えるようになっている。インドの地域によっては、99×99まで覚えるところもある。指を使った九九の覚え方もある。インドの算数の話は、子どもたちは大好きである。

【下窪理政】

✏ コラム　かけ算九九100％習得こそ、２年生担任の必達目標

　２年生担任は、かけ算九九を覚えさせるのが、必達目標の一番目にあがる。

　サークルの先輩、勤務校の先輩方に指導法を聞きに走る。まずは教材を用意する。まずは、河田先生の「話す・聞くスキル」の実践の組み立てを追試する。

　河田先生は、「話す・聞くスキル」を最初の２週間で、全て通過させている。２年生には、「かけ算九九１」「かけ算九九２」という単元がある。後から扱うか迷うところだが、全て通過させた。６月になると、ほとんどの子ど

もが「話す・聞くスキル」を音読できるようになった。中でも、「話す・聞くスキル」を片時も離さなかったＡ君とＢさん。何度も私のところに来て、暗唱テストを繰り返した。家でも何度も練習していた。７月の初め、Ｂさんが、かけ算九九のテストに来た。９の段までスムーズに暗唱した。そして、負けじとＡ君も７月に合格。２人を先頭集団に、11月で100％習得完了のドラマが生まれた。

　TOSSの教材と指導法は、圧倒的な子どもの事実をつくり出す。

③ この教具で難所を乗り越える！

低学年「読み取る算数」

⑴ 算数の総合格闘技「読み取る算数」

　教科書の最後のほうに出てくる「読み取る算数」。この問題は、非常にレベルが高い。なぜなら、「読み取る」とタイトルにもついている通り、文章問題が非常に長いのだ。さらに、通常の文章問題であれば、キーワードは、多くて３つだ。

　しかし、「読み取る算数」は、キーワードが５つも６つも出てくる。だからこそ、必要な情報を「読み取る」能力を鍛えることが必要になるのだ。

　さらに、この「読み取る算数」の問題は、さまざまな四則計算が出てくるのである。大問１は、たし算。大問３は、ひき算という具合である。

　だから、「読み取る算数」は、１年間算数で学んだことをフルに活用する総合格闘技なのだ。

　しかし、次の２つのスキルを活用することで、「読み取る算数」の問題のレベルは、ぐっと下がる。

⑵ ２つのスキルで攻略する「読み取る算数」

　２つのスキルを子どもたちに指導した。

　１つ目は、キーワードを○で囲むスキルである。「読み取る算数」の単元では、先ほど述べた通り、キーワードがたくさん出てくる。

　啓林館１年の問題を見てみる。

　１　ももこさんと　たくみさんの　はなの　かずを　あわせると、なんこに　なりますか。

（啓林館１年「よみとるさんすう」）

Ⅱ　A問題完全クリア　学力形成の関所を越える手形スキル　　45

この問題で、キーワードに○をつけさせる。

キーワードは、3つであることを告げる。

キーワードは、以下の3つである。

ももこ　　たくみ　　あわせる

「あわせる」というキーワードから、何算かを求めることができる。当然、たし算である。

2つ目は、キーワードと説明文を線でつなぐというスキルである。

1つ目のスキルでキーワードを探すことができている。

しかし、これだけでは計算をすることができない。なぜなら、必要な数字を説明文から抜き取ることができてないからである。

だから、リード文から必要な数字を探す。

リード分は非常に長い。1ページもある。

しかし、これは、簡単な作業である。

なぜなら、「ももこ」「たくみ」というキーワードがあるからである。全部読む必要はないのである。

読むのが苦手な子も、「ももこ」「たくみ」というキーワードがあるから、探せるのである。

「ももこ」は、6こ。「たくみ」は、4こである。

リード文にも○をつけさせる。

そして、最後に「ももこ」と6こを、「たくみ」と4こを線で結ぶ。

ここまでするからこそ、どの子も立式することができるのである。

同様の方法で2の問題を解くことができる。

3の問題は、問題のパターンが違う。そこで、問題文を読み、キーワードを○で囲ませる。

キーワードは以下のようになる。

ももこ　　たくみ　　なんこおおい

　このように、キーワードを確認することで、ひき算の問題であること
を押さえることができる。

　なお、このようにキーワードを囲み選択する問題は、全国学力・学習
状況調査でも出題されている。

　はじめにシールを何枚か持っていて、5人で等しく分けたら、1
人10枚ずつになりました。

　このことを、はじめに持っていたシールの枚数を□枚として式に
表します。

　下の1から4までの中から、正しい式を1つ選んで、その番号を
書きましょう。

　　　　　1　□×5=10
　　　　　2　10×□=5
　　　　　3　□÷5=10
　　　　　4　10÷□=5

　この問題も、読み取る算数で身につけたスキルを使うと、簡単に問題
を解くことができる。

　まず、文章を読む。

　そして、キーワードを探す。

　キーワードは、次の3つである。

5人　　分けたら　　1人10枚ずつになりました

　このキーワードがあれば、「わり算」「÷5」「答えが10」ということ

を読み取ることができる。

そして、答えが3番であることを導くことができる。

「読み取る」算数の学習を効果的に行うと、全国学力・学習状況調査にも対応することができるのである。

また、これは、国語の学習においても非常に有効な手段である。

詳しくは、『学テ国語Ｂ問題――答え方スキルを育てる授業の布石』（椿原正和著、学芸みらい社）を参考にしていただきたい。

〈この題材指導のワンポイント・アドバイス〉
① 一番起こりやすい学習困難状態はどこか。
　一番起こりやすい学習困難状況は、必要な情報を読み取る前に力尽きてしまうことである。文章の多さに気を取られるのである。
② 効果がある指導のポイントは必要な情報は何なのか。

キーワードを見つける。そうすることで、必要な情報だけを探すというコードを子どもたちが獲得することが指導のポイントである。

●この題材で小話＆クイズ

読み取る算数の学習は、一見すると、算数の問題というより国語の問題のようである。

それほど、文章が多い。

計算は好きだが文章問題は嫌いだと言い、このような問題を苦手とし、嫌いな子も多い。

だからこそ、生活に役立っていることを話す。

「今日学習したことは、必要な情報を探して計算するということですね」

「みなさんは、必要な情報をどうやって探しますか」

スマホという答えが返ってくる。
「なるほど、スマホということは、インターネットですね」
「インターネットで情報を探したことがある人」
挙手させる。
「Google、聞いたことある人？」
ほとんどの子どもたちの手が挙がる。
「実は、Googleの探す方法もみなさんが今、学習している算数を使っているのです」
「Googleの探す方法は、大学での数学の学習がもととなったのです」
「コンピュータも算数の学習がもとになっています」
「これからもっともっとコンピュータを使う世界になっていきます」
子どもたちは「へぇ‼」と言う。算数の小ネタは楽しい。

【大井隆夫】

 泥臭く指導

「私、8＋5がわかりません」。
3年生の1学期に女の子が言った言葉だ。すごく驚いた。でも、その子はわかるようになりたかったのだ。必死の叫びだった。
それから、昼休みに一緒に5問程度勉強した。20玉そろばんを使うと、その子は「わかる！　わかる！」と言ってスラスラと問題を解いた。その後は、みんなで外遊び。そんな1年間を過ごした。

その子が1年間の終わりに手紙をくれた。
「算数がわかるようになりました」と書いてあった。
一斉指導だけでは、教えきれない子どももいるのだと強く感じた1年間であった。
子どもがわかる、できるようになるには泥臭い指導がときには必要なのだと、強く感じた1年間であった。

4 わり算の筆算
基本型の徹底！ わり算筆算の難所をクリア必須手形3

わり算の筆算の必須手形は、3つ。
アルゴリズム、補助計算、そして、間違いを消さないこと。
必須手形3つで、必ず答えに行きつく。

手形1　わり算筆算の基本型は見開き2ページでまとめる

わり算の筆算。
「たば」と「ばら」を使って「仕組み」を教える。
その後、わり算筆算の「スキル」を教える。
わり算筆算スキルで最も大切なことが、アルゴリズムだ。

たてる→ かける→ ひく→ おろす

次に大切なのが、補助計算。
計算をノートの端にごちゃっと書かせない。
堂々と計算させる。
こうすることで、たとえ答えが間違えていたとしても、

間違いの過程がわかる

　ワーキングメモリー（脳の一時記憶領域）が小さい子にとっても、補助計算は有効だ。
　補助計算を書くことで、そのことは、忘れてもよく、脳の記憶領域が有効に使える。わり進むときなど、新しい情報を無理なく入れることができる。
　教科書の例題を使って、解き方をまとめる。

ノート見開き2ページ

に。

　河田孝文氏の実践である。

　72÷3の計算。

教師：まず、何をしますか。
児童：立てます。
教師：どこに何を立てますか。
児童：7の上に2を立てます。
教師：次に、何をしますか。
児童：かけます。
教師：何×何ですか。
児童：3×2です。
教師：筆算の形で書きなさい。
　　　補助計算といいます。
教師：次に、何をしますか。
児童：引きます。
教師：引く前に、補助計算の
　　　答えをうつします。
　　　「うつす」といいます。
　　　そして、引きます。
教師：次に、何をしますか。
児童：おろします。
教師：何をおろしますか。
児童：2をおろします。
教師：次に、何をしますか。
児童：立てます。

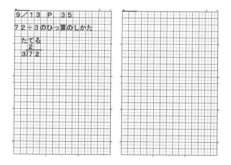

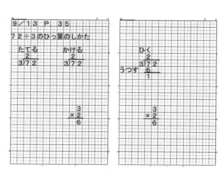

教師：どこに何を立てますか。
児童：2の上に、4を立てます。
（黒板で、左図のように、手でかくしながら）
教師：何÷何をしたらよいですか。
児童：12÷3
教師：次に、何をしますか。
児童：かけます。
教師：何×何ですか。
児童：3×4。
教師：次に、何をしますか。
児童：写します。
教師：どこに何を写しますか。
児童：12を12の下に写します。
教師：次に、何をしますか。
児童：引きます。
教師：次に、何をしますか。
児童：おろします。

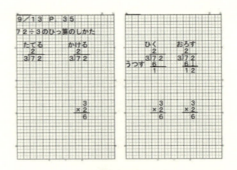

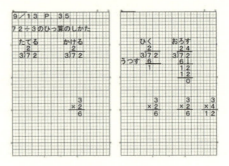

　テンポのよい子どもとのやり取りでアルゴリズムを確定する。
　アルゴリズム確定のキー発問は、「次に、何をしますか」だ。
「何を立てますか」と聞いてはいけない。
　「次に、何をしますか」「立てます」のように、子どもの答えがアルゴリズムになっていると習得が速くなり、数が違うときにも応用ができるようになる。

手形2　商を立てやすくするための補助ステップ「かくす」

かくすことで、情報量を制限する。

算数が苦手な子に有効な手形スキルだ。

① 72÷3の計算

　72の2を指で隠す。

　そうすると、7÷3の計算になる。

② 256÷4の計算

　5をかくす。

　2÷4はできない。

　(商が立たないから

　×を書く)

　ずらす。

　25÷4はできる。

③ 87÷21の計算

7をかくす。

8÷21はできない。(商が立たないから×を書く)

ずらす。

87÷21はできる。

かくす。

8÷2は4。

かくすステップが身につけば、わり算筆算のアルゴリズムに持ち込むことができる。

手形3　仮の商が大きいときは「最初から」やり直す

81÷12の計算

手形2の「かくす」を
使って商を立てた場合、
引けない。

```
                        ×8          ×7          ×6
  12)81    12)81    12)81    12)81    12)81
                        96          84          72
                                                 9
```

その場合、赤鉛筆で×をつけて、1つ小さい商を立てる。

その際、最初からやり直す。

1つ小さい商を立てても引けない場合は、さらに1つ小さい商を立てる。

これもやはり最初からやり直す。

筆算は、間違えたところだけやり直さない。「最初から」やり直す。最初からやり直すことで、脳の神経がつながり、解けるようになる。さらに、絶対に解に行きつくことを学習する。

●小話〈体力派と頭脳派はどっちがいいの？〉

向山洋一氏のクラスには、「体力派」が多かったそうだ。

私立中学の入学試験のときは、「頭脳派」より結果が悪かったが、大学の入学試験では、「体力派」のほうが結果がよかった。

「時間はかかるが、とにかく解ける」という自信は、算数の問題に立ち向かううえでとても大切なことだと向山氏は述べている。

東京大学大学院の数学科に通っていた大学院生の話で、1か月ほど病気で高校を突然休み、数学の問題が全然解けなくなった。その彼が、方程式を解くのに、xに1から順に数を当てはめていき、解けるまでずっと続け、スランプを克服したそうだ。

必ず解に行きつく自信が算数の苦手意識をなくすヒントかもしれない。

【平松英史】

5 一億を超える数
「億君、万君、兆さん」で作業のミスが激減

教科書には、いくつかの方法が載っている。

紙の束、お金、位取り表、数直線。

基本型「位取り表」と「数直線」で単元を貫く。

手形1 「数」から「読み」、「読み」から「数」への変換、万能ツール位取り表

位取り表、教科書にも登場する基礎的なツールだ。

千	百	十	一	千	百	十	一	千	百	十	一	千	百	十	一
		兆				億				万					

これで、ほとんどの問題に対応できる。

各位のマス目が幅1cmになるように画用紙に印刷しておく。

(1)「数」から「読み」への変換

① 212003000を読みになおす。

② 4つの部屋に区切る。

※一の位のほうから4つずつ数えて区切る。

③ 位取り表をノートに置き、マス目に数字を入れていく。

※一の位から順に入れていく。

④ 億の位から順に漢数字になおす。

⑤ 二億。

⑥　千二百万。

⑦　三千。

(2) 「読み」から「数」への変換

①　二億千二百万三千を「数」になおす。

②　億、万の後ろに赤線を引く。

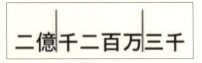

③　位取り表をノートに置き、マス目に数字を入れていく。

※位の小さいほうから順に数字を入れていく。

④　3000。

⑤　1200。

⑥　2。

⑦　212003000。

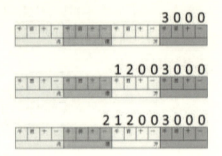

位取り表があれば、もしくは、位取り表を書くことができれば、大きな数の変換は容易にできる。

手形2　億君、万君、兆さんは読みの手助けツール

位取り表の次のステップが、「億君」「万君」「兆さん」だ。ここまでに、次のことができておく必要がある。

> 一の位のほうから4つの部屋に区切れること
> 一、十、百、千、万、十万、百万、……と位が言えること

次の手順で進める。

①　一の位から赤鉛筆で、4つの部屋に区切る。

※必ず赤鉛筆で書かせる。鉛筆だと数字の1と間違える。

②　一の位から「一十百千万…」、万の数字の下に「万」を書く。同様に「億」も書かせ（「君」と敬称をつけると子どもが喜ぶ）、左か

ら読む。

手形3　数直線のキモは「1目盛り」当たりの数と近い数値を探すこと

数直線は、次の原則を満たす。

> ①　連続量
> ②　右に行くほど大きくなる
> ③　目盛りは等間隔である

連続量で、目盛りは等間隔であることから、数直線のとりかかりは、次の1点。

> 1目盛りは、いくつか

である。

これさえわかれば、数直線に示された数値から答えをたどることができる。

数直線が出てきたときに必ずする発問。

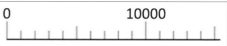

> まず、何をしますか

「1目盛りがいくらかを考えます」が、解答になる。

右上の数直線の場合、答えは「1目盛りは1000」だ。比較的すぐわかる。

少し、難易度があがる。

右のような数直線。

矢印の数を答える問題。

この場合、数値と数値の間の数Aを記入させる。

9500と10500の間は、10000。

9500から10000の間の1目盛りは100。

答えは9700となる。

1目盛りがわかりにくいときは、

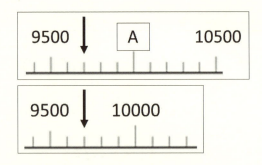

| 「数値」と「数値」との間の数を書き込ませる |

手形4　集めた数は位をそろえさせる

例題1

350000は、1万を何個集めた数ですか。

「集めた数」の基本型は右。

① 位をそろえる。

② 0の数が同じところで赤。

③ 隠す。

350000は、1万の35個分となる。

例題2

10万を180個集めた数は、いくつですか。

基本の基本は、位取り表。

右、十万の位を押さえる。

180個だから、180と書く。

（0が10万の位の上にくるように）

残りを0で埋める。

慣れてくると、位取り表がなくてもできる。

万君の線を引く。

10万が180個なので180と書く。

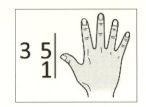

0をうつす。

	1	0	0	0	0	0
1	8	0	0	0	0	0

●小話〈導入は、お札で作業をイメージ化〉

授業の出だしはこうだ。

「校長先生から１万円借りてきました」

懐からお金（模造品でもよい）を出す。

千円札、10枚。

千円、二千円、数えていく。

八千円、九千円、十千円でなくて、一万円。

千が10で、一万

もちろん子どもたちに作業をさせてもよいが、ぐちゃぐちゃになる。

導入で、校長先生から借りてきた。それが、子どものイメージに強く残る。

【平松英史】

🖊 小話 １円玉の重さ体験をさせる——

校長先生から借りたお金の話は、「重さのはかり方」の学習にも使える。

１円玉は１枚１g。児童の身のまわりのものが、１円玉何枚で釣り合うか、天秤で釣り合わせる学習だ。

まず、積み木ではかり、その後、１円玉ではかる。導入で、「校長先生から、またまたお金を借りてきました！」と言うと、大盛り上がり。「先生、給料大丈夫ですか!?」や「校長先生にお礼を言っておきます！」と楽しい反応がかえってくる。

ポケットに忍ばせた１円玉（クラス人数分用意しておく）をジャラジャラと出し、子どもたちに配る。

最初は、１枚だけ。１枚で、１円玉の重さを体感させる。そして、はかりたいものの重さと比べさせる。１円玉何枚分か。その後、実際に天秤ではかる。

Ⅱ A問題完全クリア　学力形成の関所を越える手形スキル　59

6 この教具で難所を乗り越える！
中学年「よみとる算数」

(1) 算数の総合力が問われる「よみとる算数」

　「よみとる算数」、これを聞いただけで、苦い思い出がある方も多いのではないだろうか。

　「よみとる算数」では、様々な能力を駆使しなくては問題を解くことができない。

　まずは、資料を選択する力。

　これが、なんとも厄介である。

　4年生、啓林館の教科書を見ると、5つの資料から最適なものを選択しなくてはならない。

　つまり、文章問題が苦手な子どもが問題に適合する資料を選ぶことができないのである。

　そして、次に問題なのが、どの四則計算を使用するかを選ぶことができないのだ。

　この大きな2つの問題を抱える「よみとる算数」。

　教師が説明して終わり、もしくは、子どもたちに解かせて、わからない子には、よくわからない説明をして終わりにしていたのではないだろうか。

　少なくとも私はそうであったし、私の周りの教師も同様であった。

　しかし、次ページから紹介するスキルを使うと、どの子も問題を解くことができるようになる。

　さらに、教科書はまるでそのように解くためにできていたようにさえ感じる。

　4年生の啓林館「よみとる算数」を例に、スキルを使った解き方を紹介する。

⑵　「よみとる算数」ではこのスキルを！

　次のスキルを子どもたちに指導した。

　1つ目は、キーワードを○で囲むスキルである。

　なぜならば、問題文を読んだだけでは、どの資料を選べばよいのかが全くと言っていいほどわからない。

　しかし、キーワードを○で囲めば、だんだんとどの資料を使えばよいのかがわかる。

　これは、消去法の指導である。

　受験テクニックでは、非常にポピュラーなテクニックである。

　啓林館4年の問題を見てみる。

---

　① 　2011年の日本でのチョコレートの1人あたりの消費量は、どれだけですか。

（啓林館4年「よみとる算数」）

　この問題で、キーワードに○をつけさせる。

　キーワードは、4つであることを告げる。

　キーワードは、以下の4つである。

　　2011年　　チョコレート　　1人あたり　　消費量

　このキーワードを辿っていくと、A・B・C・D・Eの中で選択すべき資料が見えてくる。

　ちなみに、「日本」という言葉はキーワードではない。

　実際の授業では、子どもにキーワードではない理由を考えさせた。

　答えは、簡単である。

　すべての資料に「日本」と書いてあるからである。

　これでは、資料を選択できないのである。

　第一キーワード「2011年」をもとに資料を見る。

Ⅱ　A問題完全クリア　学力形成の関所を越える手形スキル　　61

Aでは棒グラフの縦軸に、Bでは表の1.81に、Cでは表の192に、Dでは資料の出典部分に○をする。

Eには、「2011年」は、書かれていない。

つまり、Eは、この問題には関係ないのである。

資料に大きく×をつける。

しかし、この段階では、どの資料かは選ぶことはできない。

第二キーワードである

「チョコレート」をもとに資料を見る。

すると、1つだけチョコレートが含まれていない資料がある。

Cである。

これも、×である。

第三キーワード「1人あたり」をもとに資料を見る。

これによって、Bの資料を選ぶことができる。

しかし、これで安心してはいけない。

最初の作業である。「2011年」のキーワードを○していないと間違えてしまう。

よって、答えは、「1.81」である。

教科書の中で鉛筆くんは、次のように言っている。

どの資料を見ればわかりますか。

わかるところに印をつけておきましょう。

(啓林館4年「よみとる算数」)

つまり、鉛筆くんは、資料の選択方法を示しているのである。

しかし、これでは選べない。

キーワードを使った消去法を駆使することで、簡単に選択できる。

その応用が②の問題である。

実際に②の問題を見る。

62

2011年に日本でチョコレートがどれだけ生産されたかを調べます。
　どのグラフや表を使えばよいか、AからEまでの中から必要なものを2つ選んで、その記号を書きましょう。
　また、何万t生産されたか、求める式と答えを書きましょう。
　一万の位までの概数で答えましょう。

(啓林館4年「よみとる算数」)

まずは、資料選択。

□1で鍛えられた子どもたちなら、簡単にキーワドを選択できる。

キーワードは、次の3つである。

| 2011年　　　チョコレート　　　生産 |

この3つが入っている資料は、CとDである。

　そして、先ほど使ったスキルを使うと、Cから「192」、Dから「11.0%」という数字を抜き出すことができる。

　そして、あとは4年生で習った、この本にも出てくる数直線スキルを使用すると、以下の式と答えを求めることができる。

$$192 × 0.11 = 21.12$$

答え　21.12万t

これでもまだ、この問題は完成していない。

次の一文がある。

| 　一万の位までの概数で答えましょう |

「まで」を○し、この本にも出てくる「までさん」で概数にする必要

Ⅱ　A問題完全クリア　学力形成の関所を越える手形スキル　　63

がある。

　以上のように、4年生までに習ったことを総合的に使うことが求められているのが、「よみとる算数」である。

　「よみとる」算数の学習を効果的に行うと全国学力・学習状況調査にも対応することができるのである。

　また、これは、国語の学習においても非常に有効な手段である。

〈この題材指導のワンポイント・アドバイス〉
① 　一番起こりやすい学習困難状態はどこか
　　一番起こりやすい学習困難状況は、どの資料を選んでよいかわからず、混乱してしまう。
② 　効果がある指導のポイントはキーワードを見つける
　　そうすることで、必要な資料を探すというコードを子どもたちが獲得することが指導のポイントである。

●この題材で小話＆クイズ

　「今日は、キーワードから資料を探しましたね」

　「様々な情報をもとに、違うものをなくしていきましたね。それを消去法といいます」

　「実は、小説で有名な探偵のシャーロック・ホームズも消去法を使って犯人を見つけていたのです。ホームズは次のように言っています。

　『全ての不可能を消去して、最後に残ったものが如何に奇妙な事であっても、それが真実となる』」

　「消去法は、これからも様々な場面で使うことがあります」

　子どもたちは「へぇ‼」と言う。算数の小ネタは楽しい。

【大井隆夫】

割合
数直線スキルで割合攻略

(1) 高学年の難所は数直線スキル

　高学年で子どもたちのつまずきが最も見られるのが「割合」の問題である。私も小学生のときは、全く意味がわからなかった。割合の公式を覚えさせられて、それに当てはめて式をつくるという手法をとっていた。少しでも答えが曖昧なときは、わり算をかけ算に変えてみたり、その逆をやってみたりして、何となくこれじゃないかなという答えを勘で導き出していた。

　そのため、高学年になってからの算数には常に苦手意識がついて回った。特に割合の問題はギャンブルである。当然、「できる！　解きたい！」とは正反対の心境であった。

　だからこそ子どもたちには、割合の問題が少しでも解けるようになる武器を与えたかった。

　その武器が「数直線」である。

　まずは、実物を見てほしい。

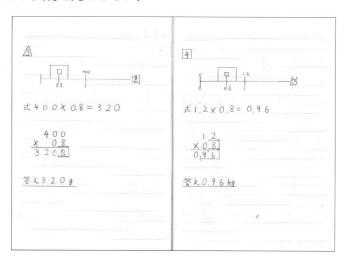

Ⅱ　A問題完全クリア　学力形成の関所を越える手形スキル　　65

教科書では、2本の数直線で表すことが多いが、子どもたちの負担やわかりやすさを優先して1本の数直線としている。
　これを書くことができれば、様々な割合の問題が子どもたちにとって攻略しやすいものとなる。
　もとにする量ではない部分を□で囲んでいる。

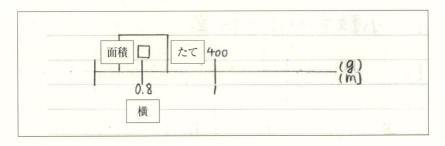

　□で囲んだ部分を長方形と見立てて、立式を行う。
　つまり、面積に当たる部分を求める場合は、たて×横の公式を当てはめれば、求めることができる。
　たてか横の部分がわからない場合は、面積÷たて（横）で求めることができるのである。
　数直線で、数量の関係を把握したうえで、更に立式も行うことができるというのがこの数直線のメリットなのである。
　上のノートで説明すると、1mで400gのものは、0.8mならば、何gになるかという問題である。
　中の面積の部分がわからないので、たて400g×横0.8mという式ができる。
　ポイントは、1（もとにする量）ではない部分を□で囲むということである。
　これさえできていれば、立式ができる。
　では、この数直線をかくときのポイントである。

(2) 数直線のかき方

　割合は、平成29年度全国学力・学習状況調査Ａ問題でも出題されている。

　1ｍあたりの値段が60円のリボンを何ｍか買います。
　そのときの代金の求め方を考えます。
(1) リボンを2ｍ買ったときの代金はいくらですか。また、リボンを3ｍ買ったときの代金はいくらですか。それぞれ答えを書きましょう。
(2) リボンを0.4ｍ買います。このときの代金を□円として、リボンの長さと代金の関係を下の図に表わします。
　「1ｍあたりの値段の60」、「買う長さの0.4」、「0.4ｍ分の代金の□」のそれぞれの場所は、下の図のどこになりますか。
　アからオまでの中から、あてはまるものを1つずつ選んで、その記号を書きましょう。

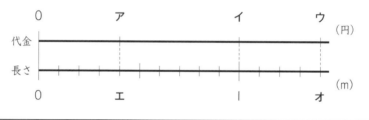

では、この問題をもとに数直線をかいていく。

　まず、ノートに2ｍのねだんと書く。

　その下に3行ほど空けて、10cmの直線を引く。

　そして、一番左と真ん中5cmに仕切りを作る。一番左のスタートは「0」となる。

　次が大切なポイントとなるが、真ん中の下の部分が必ず「1」となる。

これが「もとにする量」である。

　この問題では、1m当たりなので単位は（m）となる。

　1m当たり60円となるので、上の単位は（円）となり、「1」の上に「60」と書く。

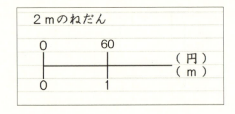

　次の2mは1mよりも長いので、当然右側に書く。

　先に紹介したノートでは0.8mのため、左側に書いている。

　このように、「もとにする量」と「比べる量」の関係が一目瞭然である。

　また、「もとにする量」である「1」を先に確定させることで、「比べる量」との関係を意識することができる。

　ただし、これだけでは子どもたちは立式できない。

　最後に、長方形をかぶせるの

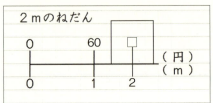

である。あとは、先ほどの面積の公式に当てはめて解いていく。

　この長方形を河田孝文氏は「面積図」と呼んでいる。

　数直線と面積図は本来別々の意味をもつものであるが、この2つを河田氏はコラボさせた。

　これで、数量関係の把握と立式という2つの大切なポイントを押さえることができる。

〈この題材指導のワンポイント・アドバイス〉
① 一番起こりやすい学習困難状態はどこか
　　数量関係がつかめずに誤った数直線をかいてしまうことがある。
　　もう一点は立式できないということである。

②　効果がある指導のポイントは

　とにかく手順通りに数直線をかかせることがポイントである。そのためには、授業の中で何度も手順を確認するのである。また、数直線だけをかかせてノートをチェックすることも効果的である。

　立式については、長方形の面積の公式が怪しい子どももいる。その場合は、面積の部分＝中、たてと横＝外と表現するとよい。中がわからないときは外×外、外がわからないときは中÷外というように普段から伝えておくことで、割合の立式ができるようになる。

●この題材で小話＆クイズ

　「世界がもし100人の村だったら」という文章がある。世界を1つの村にたとえ、人種や経済状態などの比率をそのままに、人口を100人に縮小して説明したものである。

　地球に住む人々の数は約73億人と言われています。では、世界が100人の村だったとします。その場合、字を読み書きできる人は何人いると思いますか？　86人です。14人の人は字を読み書きすることができません。インターネットを使える生活をしている人は何人いると思いますか？　44人です。使えない人のほうが多いのです。家をもっていない人は25人、栄養不足の人は20人もいます。

　73億人を100人にたとえてみるとわかりやすいね。これが今みんなが学習している「割合」なんですよ。

【吉谷　亮】

8 単位の換算
この教具で難所を乗り越える!「単位の換算尺」

(1) 最難関「単位の換算」 単位尺を使わせ平均148点

　小学6年の最難関は「単位の換算」。例えば、こんな問題が出る。
　①2.6a＝（　）㎡　②7.8KL＝（　）㎥。難しい。
　市販テストは平均148点であった。クラスで一番算数が苦手なA君は、150点満点を取った。テストを渡したとき、A君は「ふ〜〜っ」と大きく深呼吸した。点数を見た瞬間、飛び上って喜んでいた。次の日、親から手紙がきた。「満点のテストを、うれしそうに見せてくれました。先生、ありがとうございます」。
　2つのポイントで指導した。
　1つ目が量感。「単位の換算」の単元では、「1kgはどのくらいの重さ

ですか？」(空のランドセルくらいの重さです)、「1㎤はどのくらいのかさですか」(小指の先くらいのかさです)といった量感である。
　なお、量感は、全国学力・学習状況調査でも出題されている。

　約1kgの重さのものを、下の1から4までの中から1つ選んで、その番号を書きましょう。
　1　空のランドセル1個の重さ
　2　1円玉1枚の重さ
　3　5段のとび箱全体の重さ
　4　ハンカチ1枚の重さ
　　　　　　（平成20年度　全国学力・学習状況調査　算数A）

量感を身につけることはなかなか難しい。

だからこそ、単位が出てきたときは、「どのくらいの重さですか？」「どのくらいの長さですか？」「どのくらいのかさですか？」と繰り返し発問する。もちろん、Kが1000倍といった記号の意味も話す。

２つ目に単位尺。

| 0 | 0 | 0 | 0 | 0 | 0 | 1 | 0 | 0 | 0 | 0 | 0 | 0 |

面積	km²		ha		a		m²			cm²		mm²
長さ			km				m		cm	mm		
液量			KL				L	dL		mL		
重さ			t				kg			g		mg
体積			m³							cm³		mm³

単位表１枚、0000001000000と書かれた尺１枚を使う。なお、この単位尺は、数学教育協議会が作成した「単位換算器」をもとにしている。私は、「0000001000000」の「1」を、赤い太字に改良した。

① 単位尺の使い方

例えば、【1km²は（　　　）haです。】という問題ならば、次のようにする。

② 「ha」までの数字を数える。ここでは、「100」になる。

③ すると、【1k㎡は（１００）ha です。】と答えがでる。

【1kgは（　）tです。】という問題。
　10倍、100倍とかではなく、0.1倍、0.01倍など小さくなる問題。これも、単位尺でスラスラ解ける。

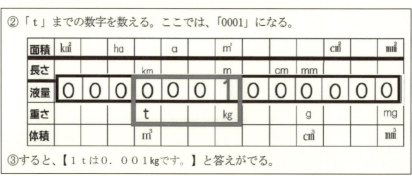

③ すると、【１tは０．００１kgです。】と答えがでる。

② 単位尺　３つのよさ

単位尺のよさは、３つ。

1つ目は、移動可能であること。尺なので、面積の単位、重さの単位などにすぐに動かせる。

　2つ目に、0000001000000と書かれてあるところ。10倍でも、0.1倍でも対応できる。

　3つ目は、1が書かれてあるところ。1に単位を合わせるだけで答えが出てくる。1は、赤色がよい。単位尺を子どもたちに渡す前に、私がペンで色をつけた。

③ 単位尺　保護者＆子どもの感想

　保護者から単位尺についての手紙がきた。

　「子どもたちへとてもよい教材をおろしていらっしゃり、子どももそれを使って、『これとってもいい、わかり易い！』と言っておりました。たくさんの子どもたちに使ってもらって苦手を楽しみに変えてほしいですね。私も子どもの頃に出会いたかったです」

　子どもたちの感想

■Aさん　これは、わかりやすいし、「1」が簡単に合わせられるから、とってもとってもわかりやすいです。

■Bくん　林先生が、単位尺の使い方を、電子黒板を使って教えてくれました。おかげで、すぐに使えるようになりました。
　　　　1が赤いので、どこに合わせればいいかわかります。

(2)　単位尺の応用

　6年生、最難関は「単位の換算」。その単元の中でも、さらに一番難しいのは、2.6a＝（　）㎡、5.5L＝（　）㎤。1ha＝100aという、「1」が基準ではない問題である。

　手放しでさせればごちゃごちゃになる。できない子が続出する。どう

Ⅱ　A問題完全クリア　学力形成の関所を越える手形スキル　　73

するか？

> ノートの書かせ方を工夫する

例えば、2.6a＝（ ）㎡という問題。次のように、ノートに書かせる。

① 「2.6ａと書きなさい。」
② 「2行空けて」「1ａ」※単位を必ずそろえさせる。
③ 「1ａは何㎡ですか。」「＝100㎡と書きなさい。」

```
2.6a＝

1 a ＝ 1 0 0 ㎡
```

④ 「2.6倍しています」「×2.6（左矢印）」
⑤ 「こちらは何倍？」「×2.6（右矢印）」
⑥ 「100×2.6をしなさい」

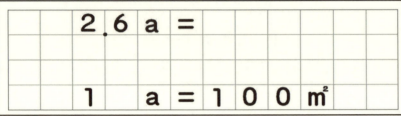

ポイントは2つ。

1つ目が、1a＝100㎡を書かせること。

ただし、2行空けて書かせる。

詰めて書かせると、ごちゃごちゃする。計算間違いが増える。

2つ目が、「a」の位置をそろえさせること。

2.6aと1aを、そろえさせる。

これで、何倍なのか、すぐにわかる。

「単位尺」を使わせることも大事だ。

1aが100㎡と覚えていない子はたくさんいる。「いつでも使っていいからね」と言う。テストのときでも、単位尺を使っていいよと言っている。

向山洋一氏の実践「九九表」のように、いつでも使ってよい、テストでも使ってよいと話す。

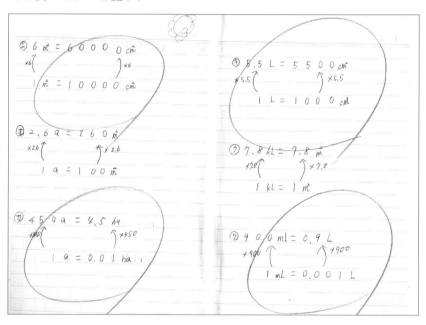

〈この題材指導のワンポイント・アドバイス〉

① 一番起こりやすい学習困難状態はどこか

　一番起こりやすい学習困難状況は、何倍にするのか、何分の一倍にするのかわからないことである。例えば、1mをcmにする場合、100倍すればよい。しかし、その100倍が覚えられないのである。

② 効果がある指導のポイントは

単位尺のように、何倍なのか、何分の一倍なのかパッと見てわかる表を児童に渡すことが指導のポイントである。

●この題材で小話＆クイズ>

子どもたちは単位の話が好きである。例えば、次の話をする。

「cmは長さですね。㎠は何ですか。そうですね、面積です」

「面積は、何と何をかけたものですか？」

「縦と横です。これを２次元といいます。言ってごらんなさい」

黒板には「２次元→縦と横」と書く。

「では、３次元とは何と何と何でしょうか？」

６年生ならすぐに出る。

「そうだ！　縦と横と高さだね」

黒板に「３次元→縦と横と高さ」と書く。ここまでは助走だ。

「では、４次元は、何と何と何と何でしょうか？」

縦、横、高さまでは出る。子どもたちはいろいろな答えを出してくる。教師はにこにこしながら「そうかあ」「違うなあ」と対応する。

「４次元は時間です。ドラえもんには、４次元ポケットってあるでしょう。時間を行き来することができるんだね」

子どもたちは「へぇ‼」と言う。単位の小ネタは楽しい。

【林　健広】

コラム　優れた教材教具が子どもに力をつける──────

百玉そろばんは、必須の教具である。

特別支援学級のA先生。20代の若手、臨採の教師である。クラスの太郎君は２年生。IQは50。つまり４歳程度の知能指数である。太郎君に何としても九九を覚えさせたいとA先生は思った。

九九カード、フラッシュカード、毎日の暗唱タイム。なかなか覚えられない。サークルで学び、百玉そろばんを教室で実践する。毎日毎日、百玉で九九を一緒に読んでいく。２か月後、九九のすべてを覚えた。A先生は言う。「百玉が好きみたいです。目で数が増えるので、それがよかったみたいです」。

クラスで一番算数が苦手な子どもを、教材教具が救ってくれたのである。

9 よみとる算数

このスキルで難所を乗り越える！ 高学年「よみとる算数」

(1) 算数の6年間の総決算「よみとる算数」

6年「よみとる算数」、これをごらんになった方は、どれぐらいいらっしゃるだろう。

見開きの半分は、問題文である。

これを見ただけで、多くの子はやる気が削がれる。さらにいくつもの落とし穴もある。

しかし、6年間で学んだことを活かせば必ず解ける。まるでパズルのように。

また、次から紹介するスキルを使うと、どの子も問題を解くことができるようになる。

6年生の啓林館「よみとる算数」を例に、スキルを使った解き方を紹介する。

(2) 「よみとる算数」ではこのスキルを！

次のスキルを子どもたちに指導した。

1つ目は、キーワードを○で囲むスキルである。

1ページもある問題文。

何も視点のないまま読んでも問題を解くことはできない。だからこそ、キーワードを○で囲むのである。

啓林館6年の問題を見てみる。

---

① あゆみさんの小学校の広さは、およそ何㎡ですか。

（啓林館6年「よみとる算数」）

これだけでは、問題は解けない。

Ⅱ A問題完全クリア 学力形成の関所を越える手形スキル

⑦　工場の広さは、何㎡ですか。

（啓林館6年「よみとる算数」）

この問題で、キーワードに○をつけさせる。

キーワードは、3つであることを告げる。

キーワードは、以下の3つである。

工場　　広さ　　㎡

このキーワードをたどっていくと「33000㎡」という答えが出てくる。

一点難しいところは、「工場」という言葉ではなくて、「ここ」という言葉が使われているところである。

しかし、「広さ」と「㎡」が使われている箇所はここしかない。

だからこそ、複数のキーワードで問題文に網をかけることが重要なのである。

教科書の中で鉛筆くんは、次のように言っている

日記のどこを見ればわかりますか。

わかるところに線をひいておきましょう。

（啓林館6年「よみとる算数」）

つまり、鉛筆くんは資料の探し方を示しているのである。

しかし、これでは選べない。

「わかるところ」というだけでは、子どもたちは作業できないのだ。

「キーワード」という視点がなければ、見つけることはできない。

④の問題も同様である。

実際に④の問題を見る。

> ① しょうきゃく工場の広さは、あゆみさんの小学校のおよそ何倍
> ですか。

この問題で、キーワードに○をつけさせる。

キーワードは、3つであることを告げる。

キーワードは、以下の3つである。

> 広さ　　小学校　　倍

キーワードをもとに問題文を見ると、すぐに答えを見つけ出すことができる。

答えは「4倍」である。

⑦の問題であるが、⑦や①で探した数字を下に立式し、答えを求める問題である。

立式するには、関係図を使う方法がよい。

また、上から1けたの概数にするときの「までさん」を使うとよい。詳しくは、向山型算数で調べていただきたい。

続いて、②の問題。

> ②　しょうきゃく工場でもやされているごみの量は、1日におよそ
> 何tになりますか。
>
> 　　　　　　　　　　　　　　　　　　（啓林館6年「よみとる算数」）

この問題でも、キーワードに○をつけさせる。

キーワードは、以下の2つである。

> もやされている　　ごみ

Ⅱ　A問題完全クリア　学力形成の関所を越える手形スキル　　79

すると、この問題で大切な一文が見つかる。

「1日に2t車でおよそ450台分のごみがもやされているそうです」

これがわかれば、すぐに答えを見つけることができる。

　　式　450×2＝900　　　　　答え　900t

最後に、③の問題。

---

③　ひなたさんは、「見学に行った4年生全員が1日に出すごみを
　しょりする費用は、2800円より多いです」と、いっています。
　　ひなたさんのいっていることは正しいですか。
　　「正しい」か「正しくない」かのどちらかで答えましょう。
　　また、そのわけを、ことばや式を使って説明しましょう。

　　　　　　　　　　　　　　　（啓林館6年「よみとる算数」）

問題文が非常に長い。

　しかし、この問題においても、いままで学習したキーワードを探す方法が有効である。

　まず、以下のキーワードを問題文より探す。

　キーワードは、以下の5つである。

4年生　　1日　　ごみ　　しょりする　　費用

この問題は、非常に難しい。

　なぜならば、大切な情報が問題文の前半と後半に分かれているからである。

　これを探し出すためには、やはり、キーワードがポイントである。

　よって、答えは、

　式　41×72＝2952　　　　答え　2952円　で正しい。

〈この題材指導のワンポイント・アドバイス〉

①　一番起こりやすい学習困難状態はどこか

　　一番起こりやすい学習困難状況は、問題文が長いため、どこを読めばよいかがわからない、また、必要な情報を読み取ることができない状態になりやすい。

②　効果がある指導のポイントはキーワードを見つけることである

　　そうすることで、必要な資料を探すというコードを子どもたちが獲得することが指導のポイントである。

　　ただし、キーワードを選定するときポイントが必要である。

　　それは、単語でキーワードを選定することだ。

　　単語でキーワードを決めることで、必要な情報を「速く」「正確に」読み取ることができる。

●この題材で小話＆クイズ

「今日は、キーワードから資料を読み取りましたね」

「大切な情報に素早くたどり着くために、非常に重要な方法です」

「なぜなら、今は、情報化社会と言われています」

「そして、現代は、たくさんの情報があふれており、私たちは、その情報を全て未消化のまま過ごすことが多くなっているのです」

「そのときに、大切なのが『キーワード』です」

「インターネットも同じ方法で情報を探します」

「知っている人」

「『検索』という方法です」

子どもたちは「へぇ‼」と言う。算数の小ネタは楽しい。

【大井隆夫】

III この支援スキル効果あり！
学習困難な児童対応スキル

1 見えにくさ、聞こえにくさのある児童
視覚優位、聴覚優位の子の特性

(1) **はじめに**

　LD（学習障害）やPDD（広汎性発達障害）の子どもたちの中には、「視覚優位」と「聴覚優位」の傾向が見られる場合がある。

　LDの子どもは、視覚認知が聴覚認知に比べて優位な場合がある。また、PDDの子どもは、逆に視覚認知に困難さがある場合がある。

　それぞれ次のような特性がある。

(2) **視覚優位**

　視覚に強い場合は、「視覚映像優位型」と呼ばれる。

　言葉を覚える以前に、視覚で直接ものを見て考え、理解し、知識として積み重ね、思考していると考えられている。

　聞こえにくさはあるが、目で見た情報は理解しやすい。特に、奥行き感のある三次元で認知すると言われている。

　したがって、視覚優位だから文字や図で示せばそれでよいというわけではない。平面的なものよりも立体的な図形として提示したほうがわかりやすい。

　また、線より色彩の感度がよいとされている。色の違いによって、明るさの違いや奥行きを感じることができる。

　さらに、視覚優位のため、話が長ければ長いほどわからなくなる。文字に書いたものをそのまま読んでもわからないという場合が往々にしてあるため、聴覚優位なのかと誤解される場合もあるが、三次元で認知するということが踏まえられていれば、二次元の文字や絵では十分でないということがわかると思う。

そのため、玉川大学の谷和樹氏は次のような指導が大切だと論じている。

> ① 長い説明はいずれにしてもダメ。
> ② 音読させると逆に意味がわからなくなる場合がある。
> ③ 文字に書いたものを読んでもわからない場合がある。
> ④ 図示してもわからない場合がある。
> ⑤ 「立体的」に提示すると、それだけでわかる場合がある。
> 　　（『向山型算数教え方教室』明治図書、p.7谷和樹氏論文より）

　例えば、TOSS教材の「百玉そろばん」は、まさにうってつけの教材である。

　数概念を立体的に提示することができる。

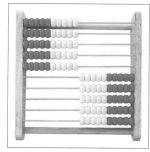

　さらに、TOSSランド（http://www.tos-land.net/）には、立体的に教材を表示できるコンテンツが多く掲載されている。

　これらのコンテンツを使うことは、視覚優位の子に限らず、その他の児童にとってもわかりやすい場合が多い。積極的に活用することをおすすめする。

(3) **聴覚優位**

　聴覚に強い場合は、「聴覚言語優位型」と呼ばれる。

　言葉を聴覚で聴き覚え、理解し、知識として積み重ね思考していると考えられている。

　この場合は、「視覚優位」の三次元とは反対に、二次元は得意である。

　線で描かれたものや文字で書かれたもののほうが理解しやすいと言わ

れている。
　TOSS教材の「かけ算九九尺」は二次元で見せることができ、聴覚優位の子に適応しやすい教材である。
　また、聴覚優位の児童は聴覚や言語からの情報をもとに、少しずつ時間をかけ、順を追って理解することが得意である。
　そのため、全体から理解を進めるのではなく、部分から全体への理解を進めるほうがよい。
　前述の谷和樹氏の論文では、以下のような指導を推奨している。

---
①　音読をさせることは有効である。
②　全体像を一度に提示せず、部分に分けて少しずつ見せていくほうがよい。
③　箇条書きなどにして、解き方の順序がわかるようにするとよい。
④　解き方をフレーズにして唱えさせるような音韻認知を重視した指導も有効である。

　解き方をフレーズにして唱えさせるような指導は、よく計算のアルゴリズムなどでも見られる。
　そのとき、フレーズはなるべく短く、削るということが重要になってくる。視覚優位の児童でも、短いフレーズであれば対応ができる。
　例えば、わり算の筆算の場合である。
　96÷32の筆算を、河田氏は次のようなアルゴリズムで教えている。

---
①　かくす。(右手人差し指で)　→9÷32はできない。×。
②　ずらす。→96÷32はできる。

③　立てる。（両手人差し指で隠す）→9÷3＝3
④　かける。→32×3＝96
⑤　うつす。→96を96の下にうつす。
⑥　ひく。→96－96＝0

　実際に口に出してみるとわかると思うが、一つ一つのフレーズが短い。
だから、覚えようという気になるし、定着するのでその後の学習でも
活用できる。
　これは、説明を長々としないという視覚優位の子の指導へもつながる。

⑷　終わりに

　見えにくさや聞こえにくさのある児童を、よく見えるようによく聞こ
えるようにすることは教師にはできない。
　教師は医師ではないのである。できるのは、そのような児童にとって、
わかる・できる授業を心がけることである。
　ただ気をつけなければならないのは、いきなりそういった児童限定の
指導をしようとしてはいけないということである。先にも書いたが、見
えにくさや聞こえにくさのある児童への対応は、他の児童への授業でも
効果があることが多い。
　上記にあるような指導を意識したうえで、誰もが「わかる・できる」
授業を心がけることが前提である。
　そのために、個々の児童の特性を学ぶのである。

【吉谷　亮】

道具の操作が困難な児童
コンパス・分度器の使い方訓練

　道具の操作が困難な児童は、手先での作業を苦手とする子が多い。おはじきやマグネットなど、手先での作業を苦手とする児童はひっくり返してしまったり、うまく並べられなかったりしていらいらしてしまうことがある。そのため、道具を工夫する必要がある。特に低・中学年では道具を使うことが多い。

　もう一点は、道具操作が困難であっても、使えるようにならなければならない道具がある。中学年のコンパスや分度器の指導である。その場合は、練習が必要である。

　ここでは、何をどうやって練習すればよいかがはっきりわかっているということがポイントである。

(1) **低学年は教具の工夫を**

　低学年でよく教室に常備されているのが算数セットだ。その中身は、以下のような構成が多い。

・数カード　・おはじき　・数のブロック　・色板
・さいころ　・計算カード

　低学年では、まず具体物を操作したり、具体的な物や人をおはじきやブロックに置き換えたりして、理解できるようにしていく。
　そのため、おはじきや数のブロックは大変有効である。しかし、前提条件がある。それらブロックなどの道具を、スムーズに操作できたときである。しかし、操作が困難な児童にとっては、その具体物を置いたり、入れ替えたりする作業がとても難しいのである。
　よく言われるのが、厚い手袋をしながら操作しているというイメージ

である。大人でもごわごわした手袋をした状態で、小さなおはじきやブロックを操作するのは難しい。隣のおはじきをはじいてしまったり、落としたりするだろう。

　だからこそ、算数セットの教具に工夫が必要である。低学年で一番のおすすめは、算数セットに上のような20玉そろばんを加えることである。

　1段に5個ずつ色分けされた10個の玉が並び、計2段で20玉となる。20玉そろばんは、低学年の学習に必要な、くり上がりのあるたし算、くり下がりのあるひき算に対応したそろばんである。

　20玉そろばんを使えば、数概念や量感覚を直感的に把握することができる。また、玉を横にはじくだけの簡単な操作なので、ブロックやタイルのように細かな操作が不要で、また、床に落とすようなことがない。

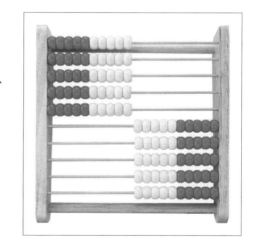

　もしも、予算に余裕があり、学年が上になっても使おうと思えば、更に玉が多い百玉そろばんがおすすめである。

　これならば、低学年で学ぶ大きな数に対応できる。1玉を10や100とみなせば、より大きな数にも対応できる。

(2) **中学年以降への対応**

　中学年以降は、角度や図形作図などで使われる道具がある。コンパスと分度器である。

道具の操作が困難な児童は当然苦手とするところである。しかし、これらは算数科の学習において必須の技能であるため、習熟が必要となる。そのためには、習熟するまでの練習がいる。

どうやって使うのかがわかっていれば、やってみて使えるまでの見通しをもつことができる。道具操作が困難な児童は、見通しをもつことができなければやる気を失ってしまい、習熟する前に練習をすることを諦めてしまう。そのため、道具操作が困難な児童が操作できるようにするためには、正しい手順で練習できるフォーマットを確定させることが重要になる。やり方さえわかれば、練習できるのだ。

コンパスを例に見ていく。

(3) コンパス指導

4年生で初めて使う分度器。

分度器を使って初めて角をはかるとき、はかり方の流れを教科書では以下のように書いている。

---

① 分度器の中心を頂点アに合わせる。

② 0度の線を辺アイに合わせる。

③ 辺アウの上にある目もりを読む。

最初はこれを読みながら子どもたちは角度をはかっていくことになる。教科書を読み、分度器を動かし、教師の指示を受けながら角をはかっていくことで、こうやって角をはかるのかと理解するだろう。この単元の学習で中心となってくる内容である。

これを河田孝文氏は「基本型」と呼んでいる。河田氏は、この「基本型」が身につくように授業を組み立てている。

この「基本型」をいい加減にして進めてしまうと、その後の学習で角をはかるときに、頂点がずれてしまっている子、0度の線がずれてしまっている子などが続出してしまうことになる。道具操作が困難な児童は、

88

この傾向が顕著である。

　そのため、河田氏は教科書にあるかき方を修正しながら「基本型」を身につけさせている。

　その手順は以下である。

---

①　頂点に赤点

②　スタートラインに赤線

③　中心を頂点

④　0からスタート

⑤　ストップ（数字を読む）

※辺の長さが短くてはかりにくいときは、辺をのばしてはかる。

　先ほどの教科書のやり方と比べてみてほしい。

　いくつか違いがある。

　一つは、言葉が短くなっているということである。

　教科書は文になっているが、河田氏は体言止めとしてキーワード化しているのである。このように短くすることで、スッと子どもの頭に大切なキーワードだけが入るようになる。

　もう1つは、細分化しているということである。

　手順は多くなるように感じるが、どの子もミスせずに角の大きさをはかれるように手順を再分化している。

　わかりやすいのが、「頂点に赤点」と「スタートラインに赤線」である。できない子どもほど、分度器をどこに合わせていいかわからない。そんな子のために、赤鉛筆で頂点と0度の線を見やすくしているのである。

　細分化とキーワード化することで、道具操作が困難な児童も無理なく分度器が使えるようになるのである。

【吉谷　亮】

3 心理的に不安定、人間関係形成の困難な児童

ゴールを設定して不安定を攻略する

⑴ 心理的に不安定、人間関係形成の困難な児童とは

心理的に不安定、人間関係形成の困難な児童が教室にいる。具体的な指導の道筋を「自立活動」の学習指導要領から見ることができる。

【心理的な安定の指導項目】

① 情緒の安定に関すること。

② 状況の理解と変化への対応に関すること。

③ 障害による学習上または生活上の困難を改善・克服する意欲に関すること。

【人間関係の形成の指導項目】

① 他者との関わりの基礎に関すること。

② 他者の意図や感情の理解に関すること。

③ 自己の理解と行動の調整に関すること。

④ 集団への参加の基礎に関すること。

指導項目を向山型算数の指導とのリンクを考える。向山型算数のパーツなら、①即時に対応できる、②だれでも追試可能である。

⑴ ゴールを設定するから心理的な不安定を攻略できる

① まず、答えを確定せよ。後にスキルを教えよ

心理的に不安定になる要因の１つは、見通しが立たないことである。見通しが立てば、安心して授業が受けられる。

例えば、算数の２年生のかけ算。以下の流れで行う。

---

① 式を立てる。

② 答えを確定する（教科書に書いてある）。

> ③　スキルを教える。

　答えが確定すれば、見通しがもてる。やらされ感で心理的なストレスを抱えて、不安定になることがなくなる。

　答えは、教科書に書いてあるので、探せばいい。教師は、「教科書のどこに書いてあるの？」と聞くだけだ。その後、すぐにほめる。「教科書をよく見てる人は、かしこくなる」。

　ゴールを設定することは、他の単元にも転用可能のスキルだ。転用範囲が広いので、担当学年で探していただきたい。

　②　スキルを教えよ。後にノートに書いて、ノートのフォーマットを
　　確定せよ

　スキルを確定してもできるようにならないこともある。スキルの順番が入っていないことがあるからだ。

　スキルを教えたら、今度はノートに同じようにスキルを言いながら、再現させることが大切である。

　4月なら、スキルを教えるときにノートの書く位置まで確定させる必要がある。ノートを書くときには、以下のことを指示するとよい。

> ①　日付、ページを1行目に書くこと。
> ②　1行空けて、スキルを書き始めること。

　河田孝文氏は、ここまで徹底している。

> 　黒板で書いて見せながら1つずつ進めました。
> 「一番上の行の左端を指で押さえなさい」
> 「『4』と書きなさい」
> 「そのお隣、斜め線『／』を引きます。定規で」
> 「そのお隣に『1』、そのお隣に『1』と書きます」
> 「なんだか、わかりますね？」 → 「今日です」

Ⅲ　この支援スキル効果あり！　**学習困難な児童対応スキル**　91

> 「そのとおり、今日の日付を書きます」
> 「そのお隣は、1マス空けます」(黒板には、うすく『〇』を書きました)
> 「そのお隣に『P.』と書きます」
> 「ページじゃ」という声が聞こえてきました。
> 「そうです、ページを略して『P.』と書きます」
> 「そのお隣に『8』と書きます。『8ページ』という意味ですね」

さらに、練習問題に入ったら、

> ① 計算と計算は、縦は2行空けること。
> ② 計算と計算は、横は指2本分空けること。

そして、教師のところにノートを持ってこさせる。そこで、個別に評定を受けるのだ。

(2) 範囲が決まっているから心理的な不安定を攻略できる

モンスター教材「あかねこ計算スキル」。

計算ドリルと明らかに違う構成になっている。

子どもたちが自らコースを選択することができる。計算ドリルは、通常20題の問題が列挙してある。見

ただけでやる気をなくす児童も多々いる。問題を解くたびにできなければ、心理的に不安定にある。

1週間のサイクルが決まっていることも見通しをつけることができるのだ。ユースウェアもついており、常に安定したフォームでの指導が可能になる。

さらに、100点を必ず取れるようになっていることも魅力だ。

100点を取ることで、さらに意欲が高まる。算数が大好きになる。

さらに、「早く終わったら、やってみよう」の部分がある。意欲を加速した児童は、さらに問題をスピーディーにこなす。

教師は、「鉛筆から煙が出るスピードで、どんどんやっていきなさい」と指示するだけである。

フォーマットの決まった「あかねこ計算スキル」を使うことで、1年間の安定した指導が約束されるのだ。

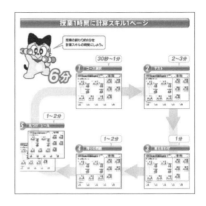

(3) 確認作業の積み重ねが人間関係形成の困難さを攻略できる

「作業指示→確認→ほめる」のサイクルで指導を行う。

人間関係形成のために確認を行う。確認は、できているかを測定する機能だけではない。近くの友達と話す機会にもなる。しかも短時間で何度も行うことで、話すきっかけをつかむスキルを授業の中で育てることができるのだ。

具体的な指示を以下に示す。

「1指で押さえて。お隣同士で確認」
「お隣同士で相談」
「グループでできているか、確認してごらん」
「できたら、先生のところに持ってらっしゃい」

---

(4) 一緒に作業をするから人間関係形成の困難さを攻略できる

練習問題に入ったら、次は黒板で確認をする。黒板で書いている間に

　お隣同士で話す機会が生まれるのだ。答え合わせまで、ワクワクしながら待つ。○になれば、みんなで喜びを分かち合う。喜びを共有する体験を通して、「算数はみんなでするから楽しい」となるのだ。
　向山洋一氏は、全体の中でただ一人をほめる。算数が苦手な子どもだ。「○○ちゃん、かしこくなったな」「○○くんが一番いい」というのも自己肯定感を上げ、人間関係を築く基盤となるのだ。

【下窪理政】

コラム　算数必須の３つの河田語録

　TOSS／Advanceの門を叩いて３年目になった。毎週の例会で、河田孝文氏から算数を教えていただく。算数の模擬授業をしていて、３つのことを繰り返し言われる。
　１つ目は、「ゴールを設定せよ、後にスキルに入れ」。答えが初めに出ているので、子どもが安心して解き方のスキルに入れる。解き方を検討する授業では、結局教師のやり方に帰着してやらされ感満載だ。スムーズな思考を促す考え方だ。
　２つ目は、「仕組みとスキル」。教科書は、仕組みとスキルに構造を分けることができる。仕組みに時間をかけても子どもはできるようにはならない。スキルを習得させることで、算数はできるようになることを教えていただいた。
　３つ目は、「ノートのフォーマットを頭に入れて指導せよ」。今年は、２年生の担任だ。黒板に書いた通りに、そのまま写せば、ノートはぐちゃぐちゃになる。該当学年のノートを頭の中に入れて、文字数を意識し、行やマスを空けるときは指示をすることで、うっとりするノートになる。

4 読み書きや計算などが困難な児童
有効な対応スキル4

新学習指導要領解説編算数には、障害のある児童への対応が明記されている。

> 障害のある児童などについては、学習活動を行う場合に生じる困難さに応じた指導内容や指導方法の工夫を計画的、組織的に行うこと。

ポイントは、内容の工夫、方法の工夫を計画的、組織的に行うことだ。

学習が困難な児童について、指導者が多くの指導方法を知っておき、それを選択していくことが大切になる。

1 読みが困難な児童への対応スキル3

(1) 評定で「身近なわかる言葉」から「算数用語」へ変換

いきなり新しい文字情報を入れると大混乱になる。

具体物や半具体物、作業をもとに変換していく。

例えば、2年生「分数」の導入。

ピザを4等分した絵がある。

問いは、次だ。

「どのように分けていますか」

子どもを指名し、評定する。

「4つに切っています」→「0点」

(分けていますかと聞いています)

「4つに分けています」→「おしい、50点」

(もっと詳しく)

「同じ大きさ4つに分けています」→「100点」

(同じ大きさに分けることを等分するといいます。4つに分けるから4等分)

ここから、4等分した1個分。四分の一へとつながる。

(2) **数直線への図式化で数量関係のイメージをつくる**

数直線は、数量関係をイメージできる。

読みの苦手な子でも、作業として問題文から数直線をおこすことができれば、問題を解くことができる。

●ポイント1　フォーマットを決めておく

10cmの線に、左5cmにしきり、真ん中から2cmのところにしきり。

河田氏は、常にこのフォーマットで進める。

これが、2cmや3cmだとどうだろうか。

ノートがごちゃっとなってしまう。

賢いが作業が雑な子、本当はわかっている子が「ミス」をする状態が生まれる。

同じ長さで書き続けるからミスは減り、血肉となるのだ。

●ポイント2　書く順番を決める

まずは、数直線の骨格から書く。

どの数直線でも、真ん中の下が「1」であるところまでは、変わらない。

これは、子どもにとって大変助かる。

割合で、正答率が低いのは、子どもたちが、

| 何をやってよいかわからない |

からだ。

数直線の骨格まで書ければ、1の上が「もとにする量」ということが必然的にわかる。

●ポイント３　数量関係を問う

数直線の書き方を教える際に大切な発問がある。

> 比べられる量○は、もとにする量□の右ですか、左ですか

左。

> どうして？

もとにする量□より小さいから。

次の数直線の原則を使っている。

> 数直線は、連続量を表し、右に行くほど数値が大きくなる。

この数量関係を理解していないと、この後の立式ができない。

(3)　問題場面を頭に描く！　文のイメージ化

文章題で場面を頭に描かせるキーフレーズは、次だ。

> 何の話ですか

TOSS代表向山洋一氏は、次のように言っている。

　文章題で、まず最初に問うべきは、「何の話なのですか」というような問いである。つまり、問題場面を頭に描かせることである。しかも、簡単に、大ざっぱに描かせるのである。そうでないと、子どもは問題文を全部読み上げて答えにしてしまう。それでは駄目だ。頭の中にその場面の映像が大ざっぱに描かれるようにすることなのである。

　　　　（向山洋一全集24『「向山型算数」以前の向山の算数』明治図書）

　例えば、次の問題がある。

Ⅲ　この支援スキル効果あり！　**学習困難な児童対応スキル**　　97

問題

　運動場で1年生が18人、2年生が20人あそんでいます。1年生が7人来ました。1年生は、みんなで何人になりましたか。

　正答は、18+7=25
　誤答例は、18+20+7 = 45
　問題場面がイメージできない子は、「みんなで」に着目し、45人と答えてしまう。
　そこで、子どもたちとやり取りをする。
　まず、「何の話なのですか」と聞く。
　子「みんなで遊ぶ話」→教師「うんうん、それで？」
　子「1年生と2年生で遊んでたの」→教師「それで？」
　子「1年生がまたやってきたの」→教師「それで？」
　子どもとやり取りをしていくうちに、頭の中に問題場面がイメージできるようになってくる。
　1年生の18人の集団。2年生の20人の集団。そこへ、1年生7人の集団がやってくる。1年生は25人の集団。
　このようなことが、イメージできるとよい。

2　書きが困難な児童への対応スキル2

(1)　視点の移動を最小限に！「教科書＋ノート」プリント

　学力テストは、冊子だ。
　特にB問題は、文章量も多く、数ページをまたいで問題が続くことがある。
　支援が必要な子の中に、「視点の移動」が困難な子がいる。
　ぎっしり書かれたページ、数ページにわたって書かれた問題文、そのような状況だけでやる気をなくしてしまう。
　解答用紙を前にしても、鉛筆が全く進まない。

できる、できないの能力以前の問題となる（もしかしたら、最後まで読んだら解けるかもしれない）。

そんな子に自信をつける、問題が解ける経験を積ませるのが、教科書＋プリントだ。

B4を1枚。

左側に教科書のページ。右側にノート（升目）をコピーしたプリントを作成する。

たったこれだけで、視点の移動が軽減され、解いてみようという気になる。

左側にＢ問題、右側に解答用紙など様々に応用できる。

(2) 最優先は、「ゆったり」見やすくなるノート指導声かけ

数字がノートのマス目に収まらない、字形が整わない子がいる。

大抵Bのようにごちゃごちゃと書いて間違える。

位がずれるからだ。

1桁＋1桁はできるのに、筆算になると間違いが多くなる。くり上がりになるとさらに間違いが増えてくる。

その結果、本当はやり方がわかっているはずなのに、できないという状態が生じる。それが繰り返され、やがて算数嫌いにつながっていく。

それを防ぐための向山洋一氏の有名な指示が、

指2本分開けなさい

だ。

なぜ、指2本なのか。おそらく、マス目がない場合のことも考えているからだ。

例えば、テスト。マス目がない場合がある。

指2本開ける癖がついているならば、ノートだけでなく、白紙の計算用紙にもごちゃごちゃと書かないようになる。

3　計算が困難な児童への対応スキル4

(1)　くり上がりの「1」の位置で正答率大幅アップ！　たし算筆算

たった1点の指導で、子どもの誤答が圧倒的に減る。

そのスキルは、

筆算のくり上がりの数は、線に「ひっかけて」書かせる

ことである。

　例えば、右の計算。

　1の位、3+7＝10。

　この10の1を筆算の線に「ひっかけて」書かせるのだ。

　教科書と違うかもしれないが、この方
法が計算間違いの多い子に効果があり、何人かの発達障害に詳しいドクターも奨励している。次の理由だ。

```
   1 2 3
 + 9 8 7
 ─────────
  ₁ ₁ ₁
 1 1 1 0
```

最後に1をたすほうが簡単だから

である。

　十の位を計算する際に、1+2+8よりも2+8+1、最後に1をたすほうが圧倒的に簡単である。

　子どもたちには、教科書と違うが、こちらのほうが間違いが少ないという趣意説明が必要である。

(2)　ワーキングメモリーを補う！ ブリッジでひき算筆算

　くり下がり計算の困難さの原因の1つに、子どもたちのワーキングメモリーの不足がある。多くの手順を一度に処理できないのだ。

100

筆算の手順はわかっている。1桁－1桁の計算もできる。が、くり下がりのある筆算になると誤答が増える。

手順を細かいステップに細分化し、1つのステップが終わったときにそれを記録していくことで、誤答を防ぐ。

キーワードは、「ブリッジ」。

次のステップで進める。

① 72－38の計算。

② 一の位、2－8はできない。

③ 10。

④ 借りて。

⑤ 6。

⑥ ブリッジ。

⑦ 10－8＝2。

⑧ 2＋2＝4。

⑨ 十の位。

⑩ 6－3＝3。

⑪ 答え34。

(3) かけ算九九表は必須アイテム！ 全員が同じ課題をこなせる技

かけ算九九は、2年生で学習する。

3年生になったときに、覚えが怪しかったり、覚えてなかったりしたらどうするか。

隙間時間に補充する、家庭に見てもらう、取り出すなど様々な方法があるだろう。

かけ算九九表を教室に常備しておく

A4にプリントアウト、ラミネートをかけて教室に常備しておく。10枚以上。

そして、「使いたい子」に使わせる。
苦手な子だけに渡してはいけない。目立つからだ。
「使いたい人は取りにおいで」と言って渡す。
苦手な子が取りに来なかったら、そばに行ってそっと渡す。
苦手な子と得意な子の差を埋めるのが、かけ算九九表だ。
拡大九九表を常時掲示しておいてもよいが、視点の移動が大きくなるため、手元で見ることのできる九九表を渡すのがよい。
(4) プログラミング的思考で正答率大幅アップ！
わり算とあまりのあるわり算
プログラミング的思考が注目されている。

> 　小学校で筆算を学習するということは、計算の手続を一つ一つのステップに分解し、記憶し反復し、それぞれの過程を確実にこなしていくということであり、これは、プログラミングの一つ一つの要素に対応する。つまり、筆算の学習は、プログラミング的思考の素地（そじ）を体験していることであり、プログラミングを用いずに計算を行うことが、プログラミング的思考につながっていく。
> 　　　小学校段階におけるプログラミング教育の在り方について
> 　　　　（議論の取りまとめ）　　　　　　　　　　文部科学省

　計算の手順を分解すること。記憶、反復すること、過程を確実にこなすこと。これらは、わり算の計算にも当てはまる。
　12÷3の計算。何をやっていいかわからない子がいる。
　3の段の九九を言える、もしくは、九九表を見て3の段を見つけることができれば、必ず答えにたどりつく。
　そのことを教える。
① 　12÷3の計算。
② 　3の段。
③ 　3×1＝1、3×2＝6、

3×3＝9、3×4＝12、ストップ。
④ （わられる数と）同じ数に○。
⑤ （上から）数える。1、2、3、4。
⑥ 答え4。

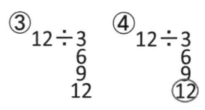

あまりのあるわり算は、かけ算九九にひき算の筆算が加わる。
① 13÷3の計算。
② 3の段。
③ 3×1＝1、3×2＝6、3×3＝9、3×4＝12、3×5＝15、（わられる数を）オーバー。
④ ×
⑤ （15の）1つ前に○
⑥ （上から）数える。1、2、3、4
⑦ （わられる数の下に12を）うつす。
⑧ （13から12を）ひく。
⑨ あまり1。

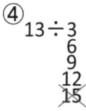

【平松英史】

5 注意の集中を持続することが困難な児童
作業指示→確認→ほめる

⑴ 環境を整える

　注意の集中を持続することが困難な児童は、学習の環境が整っていないことが多い。

　机上マネジメントを教える必要がある。

　大前提として、学習に必要のないものは机の上に出さない。算数の授業に必要なものは、教科書、ノート、鉛筆、赤鉛筆、定規である（場合によって、分度器やコンパスも含む）。それ以外のものは、引き出しの中に入れる。

　このように、机の上をスッキリさせておかないと、すぐにそちらに注意がいってしまう。

　こうすることで、筆箱が落ちて拾うなどという集中していない時間をなくすることができる。

　これは、学年のスタートのときに確認することが重要である。

　そして、大切なことであるので、学期のスタートごとに繰り返し確認したほうがよい。

⑵ 作業指示のある授業を展開する

　注意の集中を持続することが困難な児童は、持続することが難しいのである。

　つまり、短い時間なら取り組むことができるのである。

　だから、授業を小刻みなパーツに分ける必要がある。

　最も簡単な方法が、作業指示である。

　授業の最中に作業させることは、無数にある。

　それを、できるだけ細かく分ける。

　そして、児童に対して指示することが重要である。

以下に具体例を示す。

> 「(問題文を) ついて読みます」
> 「図を指で押さえなさい」
> 「読んだところに赤鉛筆で線を引きなさい」
> 「四角の中をノートに写します」
> 「黒板と同じように、ノートに書きます」

　これらは、非常に簡単なものだ。誰でもできる。

　そして、誰が取り組んでいて誰が取り組んでいないかが、ひと目でわかる。

　だからこそ、取り組んでいない児童がいれば、声をかけることができる。

　そうすることで、集中を持続することができる。

　これは、脳科学でも解明されている。

　やる気があるから行動するのではないことがわかっている。

　動き出すことでやる気が出るのである。

　動き出すことで、脳の側坐核からドーパミンが出てやる気に満ちるのである。だからこそ、作業指示が重要なのである。

⑶　作業指示の後は確認を入れる

　作業指示だけでは、子どもはすぐにやらなくなる。

　作業指示を出した後には、必ずしなければならないことがある。

> 　それは、確認である

　作業指示を出しただけでは、やりっぱなしになる可能性が高い。

　「読んだところに赤鉛筆で線を引きなさい」という作業指示を出す。

　集中力が持続しない児童は、おそらく聞いておらず、やらない。

　だからこそ、確認をする必要がある。

Ⅲ　この支援スキル効果あり！　学習困難な児童対応スキル　　105

教師が確認する方法もある。

しかし、毎回教師が行うと大変である。

そして、何よりも授業のリズム・テンポが崩れる。

そのときのために、確認にもいくつかのバリエーションが必要である。

具体例を以下に示す。

> 「隣の人、見てごらんなさい」
>
> 「やっていない人が、○人います」
>
> 「グループでできているか、確認してごらん」
>
> 「できたら、先生のところに持ってらっしゃい」

いくつかのバリエーションをもっておくことで、授業中に適度な緊張感をもたせる。確認があるからこそ、作業指示が生きてくるのである。

(4) 確認の後はほめる

確認した後には、ほめることが重要だ。

ほめ方も様々ある。

基本的には、作業指示に対応したものがよい。

具体例を以下に示す。

> 「よい声で読めています」
>
> 「よく押さえた。話をきちんと聞いてたね」
>
> 「上手に引けている」
>
> 「きれいに書けてるね」
>
> 「黒板と同じように書けてる」

それ以外にもほめ言葉も用意しておくとよい。

その内容は、自分が授業で強化したいものだ。

例えば、次のようにである。

> 「速い」
> 「姿勢がいいな」
> 「教えてあげて優しいな」

⑸ 作業指示→確認→ほめるをリズム・テンポよく行う

作業指示→確認→ほめるをリズム・テンポよく行うことが重要である。

上記のことを１つずつ行っても効果は薄い。

一連の流れを流れるように行うのである。

そうすることで、効果は絶大となる。

練習あるのみである。

⑹ 個別支援は短く何度も

上記に記したことを行っても、集中を持続することが難しい児童はいる。そのときに重要になるのが、個別支援である。

個別支援もいくつかある。

具体例を以下に示す。

> その子の近くに行く。
> 教科書やノートを一緒に出す。
> 教科書の読んでいるところを指でさす。
> 赤鉛筆で書くところを薄く書く。

このようなことが考えられる。

具体的場面によって変わってくることも考えられる。

また、子どもにもプライドがある。

周りの子が気づかないように短く何度も行うのが重要である。

【大井隆夫】

Ⅳ この支援スキル効果あり！
学習困難な児童対応スキル

1 抽象度が高い言葉の理解が困難
生活と関連づける・既習の言葉にする

新学習指導要領の算数解説に以下の文がある。

> 「商」「等しい」など、児童が日常使用することが少なく、抽象度の高い言葉の理解が困難な場合には、児童が具体的にイメージをもつことができるよう、児童の興味・関心や生活経験に関連の深い題材を取り上げて、既習の言葉や分かる言葉に置き換えるなどの配慮をする。

抽象度の高い言葉が理解困難な場合、2つの対応をするように明記されている。

① 児童の興味・関心や生活経験に関連の深い題材を取り上げる
② 既習の言葉やわかる言葉に置き換える

指導①　児童の興味・関心や生活経験に関連の深い題材
向山洋一氏の実践をあげる。

　割合→打率で教える

私なら、野球で打者は100回打った。
30回ヒットした。
「0.3は何割ですか」

「それは何パーセントですか」と聞くだろう。

（いや、そのように授業してきた）

（『向山型算数教え方教室』「向山型算数に挑戦70」）

比→計算スキルで教える

（○を10個書く）

あかねこ計算スキル10問コース。

4つできて、6つ間違えました。

何点ですか。（40点と板書）

間違えた問題は何点ですか。（60点と板書）

5問コース。

2つできて、3つ間違えました。

何点ですか。（40と板書）

間違えた問題は何点ですか。（60と板書）

どちらも、40：60です。

では、教科書に入ります。

（2002年11月23日　向山型算数セミナーより）

割合も比も、子どもたちの生活になじみが薄い。

　向山氏は、割合を「野球の打率」、比を「計算スキルの点数」で、まず教える。

　他にも分数を「ようかんの切り方」で教えている。

指導②　既習の言葉やわかる言葉に置き換える

定義→往復で聞く

向山型算数には、「往復で聞く」という指導がある。

Ⅳ　この支援スキル効果あり！　学習困難な児童対応スキル　　109

「1辺が1mの正方形の面積を何といいますか」

「1㎡です」

「1㎡とは何ですか」

「1辺が1mの正方形の面積です」

往復で聞くことで、抽象度の高い言葉を既習の言葉に変換させることができる。

これはわかる言葉に置き換える指導である。

小数第一位→小数の一番目と簡単な言葉に変換する

簡単な言葉に変換する実践も、向山型算数にはある。

向山洋一氏の小数の授業音声より。

「2.345、ここに書いてある点は名前があります。何というのでしょうか」

（しょうすうてん〜〜〜〜！）

「2というのは何の位ですか」（1の位）

「3というのは何の位ですか。分数で言ってもらいます」

（10分の1の位）

「4というのは何の位ですか」（100分の1の位）

「5というのは何の位ですか」（1000分の1の位）

「ここまでノートに書きなさい。丁寧に書くんですよ」

「これを別の言い方で言う場合があります」

「こっから下が小数です」

「小数の1番目、小数の2番目、小数3番目です。小数の1番目の位、小数の2番目の位、小数の3番目の位。これを省略して、小数第一位という言い方をします。これを書きなさい」

5つの組立である。

① 小数点の名前を聞く。

② 1の位、10分の1の位、と順に聞いていく。

110

③　ノートに書かせる。

④　小数の第一番目から「小数第一位」を教える。

⑤　ノートに書かせる。

小数第一位を、「小数の一番目」と簡単な言葉に置き換える。

子どもたちは、小数第一位といきなり教えられるよりは、「小数の一番目」と教えられたほうがイメージができる。

仮分数→「頭でっかち分数」

向山氏は、仮分数を「頭でっかち分数」、帯分数を「トつき分数」と教える。

仮分数は、分子のほうが分母より大きな数字である。

だから、頭のほうが大きい。

「仮分数は、頭でっかち分数だよ」と子どもたちに話す。

帯分数は「1と2分の3」というように「ト」がつく。

だから、「帯分数はトつき分数だよ」と子どもたちに話す。

仮分数、帯分数という言葉だけだと、子どもたちは仮分数、真分数、帯分数がぐちゃぐちゃになる。

しかし、「頭でっかちは仮分数」と教えると、子どもの間違いは激減する。イメージできるのだ。

なお、言葉だけでイメージしやすくするのではない。

兆、億、万を「列車の図」で教える。

兆の車両に千百十一と4つの車輪を書く。次の億の車両にも千百十一の車輪を書く。

こうすることで、4つずつで区切られていることがイメージできる。

シンプルな言葉で、シンプルな図で、抽象度が高い言葉を子どもがイメージできるようにさせていく。

【林　健広】

Ⅳ　この支援スキル効果あり！　学習困難な児童対応スキル　111

2 文章の読み取り、立式が困難
頭の中をノートに整理させる

新学習指導要領の算数解説に以下の文がある。

> 　文章を読み取り、数量の関係を式を用いて表すことが難しい場合、児童が数量の関係をイメージできるように、児童の経験に基づいた場面や興味ある題材を取り上げたり、場面を具体物を用いて動作化させたり、解決に必要な情報に注目できるよう文章を一部分ごとに示したり、図式化したりすることなどの工夫を行う。

　例えば、算数LDの子ども。

　「ぶんぼうぐ屋さんに行って1つ30円の消しゴム5個と、1冊40円のノート3冊を買いました。あわせていくらはらったでしょう」のどこに注目するのか？

　子どもの発達科学研究所・和久田学主席研究員によると、算数LDの子どもは、「太郎さん」「文房具」に注目してしまうのだという。

　注目すべき「1つ30円」「5個」「1冊40円」「3冊」ではなく、別のところを注目してしまう。様々な情報に軽重をつけて記憶する、つまり概念化が苦手なのである。

　そのような概念化が苦手な児童に対して、文章題の場合の4つの指導を紹介する。

ステップ①　教師がゆっくり強弱をつけて音読する

　まずは何と言っても、音読である。読まなければ、文章を読み取ることができない。教師がゆっくり、ゆっくり読む。

　大事なところは、やや強く読む。

　次の問題ならば、下線のところをやや強く読む。

「太郎さんが買い物に出かけました。ぶんぼうぐ屋さんに行って1つ 30円の消しゴム5個と、1冊40円のノート3冊を買いました。あわせ ていくらはらったでしょう」

教師が大事なところを、やや強く読む。

次に、子どもたちにも文章題を読ませる。

「皆さんも読みます」と指示する。中には、読んでいない子もいる。 教師は教科書を見るのではなく、この場面では必ず子どもたちを見る。 口が動いていない子がいれば、読み直しをさせる。

「読んでいない子がいました。もう一度読みます」と指示する。

また、長い文章題ならば、次の指示も有効である。

一文を短くさせる

「植物園の入園料は大人1人と子ども2人では700円で、大人1人と 子ども3人では850円です」

向山洋一氏は「700円で」の後ろに「す」を書かせている。

つまり、「植物園の入園料は大人1人と子ども2人では700円です。 大人1人と子ども3人では850円です」と読ませた。

これだけで、情報が短くなり、ワーキングメモリーに情報が入りやす くなる。

長い一文は、短文にさせることも有効な指導である。

ステップ②　何のお話ですか？と発問する

問題文を読ませた後で、いきなり立式させてはいけない。

まだ、読んだだけ、である。

次の発問をする。

「何のお話ですか？」

Ⅳ　この支援スキル効果あり！　学習困難な児童対応スキル　113

仮に、「太郎君が文具を買うお話です」と答えたとする。

教師は「それで？」と返す。

「それで？」（1つ30円の消しゴム5個を買いました）

「それで？」（1冊40円のノート3冊も買いました）

「それで？」（あわせていくらかはらいました）

このように「何のお話ですか」と発問することで、情報の軽重をつけさせることができる。

「それで？」ということで、子どもが軽重の情報のうち、「重」を引き出させるのである。

ポイントは、いきなり立式ではないことだ。

ステップ③　頭の中をノートに整理させる

「120枚の色紙を1人に30枚ずつ分けます。色紙は何人に分けられますか」の問題。

向山氏は、子どもたちに言う。

「答えが知りたいのではない。あなたがたはどういうふうに考えて答えを出したのか、頭の中が知りたいのです」

「先生は100点だとか50点だとか点数をつけます」

ここから3つのステップが始まる。

◇ステップ①　完全に手放しで考えさせる

子どもたちがノートを持ってくる。

「これは15点ぐらいですね」

「これは20点ぐらいですね」

「合ってるんだよ。間違ってないよ。先生が言うのは、どのように考えたのか向山先生にわかるように書いていらっしゃい」

「20点、進歩した」

ほぼ完全に手放しである。アドバイスはない。

評定の点数は低い。しかし、いや、だからこそ、子どもたちの熱中度が高まっている。向山氏はさらに演出する。「今のところ最高点20点」最高点を出すことで、さらに熱中は増す。

◇ステップ②　評定基準を示す

子どもたちは、さらにノートを持ってくる。何度も持ってきている。

「これに計算が加わった。35点」

「こちらのほうが先生わかる。50点」

「50点の人は絵で持ってきました」

完全に手放しではなくなってくる。評定の基準を示している。

計算を加えれば点数が高くなる、絵を加えれば点数が高くなる。

10分後には、「計算だけ書いているのは15点ぐらい。式と計算が書いているのは20点。計算が工夫してあるのは30点から35点」と向山氏は言う。

大事なことは、いきなり評定基準を示すのではないことだ。

子どもたちのよい考えを取り上げる。そのうえで、評定基準を示すのだ。ほめられた子は、うれしさが倍増する。

◇ステップ③　黒板に書かせる

よい点数は黒板に書かせる。

「これとってもいいですよ。文句のつけようがない。60点。これ書いてもらおうかな」

黒板に書かせる。

このようにして、教師が個別評定をしていく。

個別評定していくことで、情報の軽重を子どもが気づいていく。

個別評定で点数が高い子に黒板に書かせることも大事なポイントである。算数が苦手な子が写せばよいのだ。写すのも大事な学習である。

Ⅳ　この支援スキル効果あり！　学習困難な児童対応スキル　　115

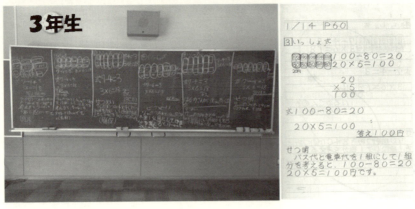

【林　健広】

3 空間図形のもつ性質を理解することが困難
実物に触らせながら言葉を言わせる

新学習指導要領の算数解説に以下の文がある。

> 空間図形のもつ性質を理解することが難しい場合、空間における直線や平面の位置関係をイメージできるように、立体模型で特徴のある部分を触らせるなどしながら、言葉でその特徴を説明したり、見取図や展開図と見比べて位置関係を把握したりするなどの工夫を行う。

手立てが２つ書かれている。
① 立体模型で特徴のある部分を触らせるなどしながら、言葉でその特徴を説明する。
② 見取図や展開図と見比べて位置関係を把握する。

ポイント① 実物を用意する

立体の授業をする際、必ず実物がいる。

学校の教材室に行けば、実物模型がある。ポイントは、「いつ」教室に持ってきておくか、だ。

単元に入ってからでは遅い。

> 単元「前」に教室に持ってきておく

例えば、「円と球」の学習ならば、「球」を教室に置いておく。

教材室には、プラスチックでできた透明な球、木の球、半分に切断できる球。それら全てを教室に持ち込む。

できたらクラスの人数分あるとよい。教師用１つでは少ない。

Ⅳ この支援スキル効果あり！ 学習困難な児童対応スキル　117

子どもたちは、すぐに「球」に興味をもつ。

「わぁ！　先生、それ何ですか？」

「算数で使うのです」

「へぇ、すごい〜〜〜！！」

もし荒れた学級ならば、最低限のルールは全体に示しておく。

「壊れたらいけないので、投げることはしてはいけません」ぐらいは言っておく。

　要は、単元「前」に、たくさん触らせておくことが大事だ。

ポイント②　触らせながら言葉を言わせる

　例えば、立体の体積。

「角柱の体積＝底面積×高さ」を教えるときに、言葉だけで教えてはいけない。

　角柱の模型を子どもたちに渡す。

　学校にあるのなら、一人に１個ずつ模型を渡す。

　変化をつけて、たくさん触らせる。たくさん言わせる。

「底面を押さえてごらんなさい」

「今、押さえているところを何といいますか？」

「底面です！」

「高さを、指でつ〜っでなぞりなさい」

「今、なぞっているところを何といいますか？」

「高さ、です」

　ポイントは触らせながら、「底面」「高さ」と言わせることである。

「では、隣同士で問題を出してごらんない」

　隣同士で問題を出す。

（ここは？）

（底面！）

（ここは？）

（高さ！）

118

このように、教師とまたは子ども同士で言葉を言わせていく。もちろん、触らせながらである。

「直方体と立方体」。

教科書に「長方形や、長方形と正方形で囲まれた形を直方体といいます」という説明がある。

これも、言葉だけ、教科書の図だけではいけない。

必ず模型を、一人に1個ずつ渡す。

「この形を何といいますか？」

（直方体です！）

「直方体とはどんな形ですか？」

子どもたちは一斉に教科書を見る。

（長方形や、長方形と正方形で囲まれた形です）

「長方形や、長方形と正方形で囲まれた形を何といいますか？」

（直方体です！）

このように往復して特徴を説明させる。

向山型算数の定石である。

往復させることで、子どもたちは定義をより正確に覚えることができる。

さらに、詰める。

「本当に長方形や、長方形と正方形で囲まれているかな？」

子どもたちは、手元にある直方体の平面を見る。

（はい！僕のは全部、長方形です）

（私のは、正方形が2つあります。あとは長方形です）

必ず、手元にある図形を触らせながら、本当に定義通りなのか確認させることが大事だ。

教科書を読んで「これが長方形ですよ！」だけの説明では、子どもたちに入っていかない。

Ⅳ　この支援スキル効果あり！　学習困難な児童対応スキル　119

ポイント③　展開図はたっぷり45分使う

　展開図の授業は、展開図を作らせないといけない。

　見ただけでは、展開図は書けるようにならない。

　まずは、教科書に書いてある展開図を、その通りに書かせていく。升目の入った厚紙に書かせていく。

　私は、記号を書かせる。

　「この面に①と書きなさい」「これと同じ形はどこかな？」

　「そう、ここだ。同じように①と書きなさい」

　向かい合った面は、直方体は必ず同じ形である。

　同じようにして「②②」「③③」と書かせていく。

　書けたら、はさみで切らせる。

　ここで大事なのは、教師が「子どもが切る前」にチェックすることだ。1〜3名は間違って書いている。

　切った後に、間違いだと気づくと、子どものやる気が消滅する。

　はさみで切らせ、箱の形になるよう折らせる。

　子どもたちは大喜びだ。

　「今、作った形を何というのですか？」

　（直方体です！）

　「では、さらにもう1個、直方体の展開図を書きなさい。直方体ならどんな展開図でもいいです。書けたら、先生のところへ持っていらっしゃい」

　どんどん展開図を書かせていく。多い子は、45分のうちに10個以上書く。とにもかくにも、たくさん書かせることがポイントだ。

【林　健広】

4 データをもとに、目的に応じてグラフに表すことが困難
グラフ5点セットを必ず確認する

新学習指導要領の算数解説に以下の文がある。

　データを目的に応じてグラフに表すことが難しい場合、目的に応じたグラフの表し方があることを理解するために、同じデータについて折れ線グラフの縦軸の幅を変えたグラフに表したり、同じデータを棒グラフや折れ線グラフ、帯グラフなど違うグラフに表したりして見比べることを通して、よりよい表し方に気付くことができるようにする。

ポイントは「同じデータ」である。
① 同じデータについて折れ線グラフの縦軸の幅を変えたグラフに表す。
② 同じデータを棒グラフや折れ線グラフ、帯グラフなど違うグラフに表したりして見比べる。

⑴ グラフ5点セットを必ず確認する
算数科で習うグラフは5つである。

棒グラフ（3年）、折れ線グラフ（4年）、帯グラフ（5年）、円グラフ（5年）、柱状グラフ（6年）。

どの学年のグラフでも、3つの視点をもつことを教える。

1　表題
2　出典＆出典年度
3　単位（縦軸、横軸。1目盛りの大きさ）

Ⅳ　この支援スキル効果あり！　学習困難な児童対応スキル　　121

折れ線グラフならば、この5つの変化（増えている、減っている、変化していない、急に増えている、急に減っている）も教える。

　毎時間毎時間、確認する。

　例えば、「まとあての点数」の棒グラフが教科書にある。

　「グラフがあります。4点セットを隣に言いなさい」

　毎時間しているので、子どもたちは隣にすぐに言う。

　（表題は「まとあての点数」。出典＆出典年度はなし。縦軸は点。1目盛りは10点。横軸は名前です）

　このように、グラフを見る視点を教え、毎回子どもに言わせることが大切である。

　全国学力・学習状況調査でも、同じような問題が出ている。

⑵　同じデータで縦軸を変える

①　1目盛りが違う2つのグラフ

　教科書に、次の問題がある。

　「下の表は、はるなさんがかぜをひいたときの体温を2時間ごとにはかったものです」

　表と折れ線グラフがある。

　左ページには1目盛りが1度のグラフ。

　右ページには1目盛りが0.1度のグラフ。

　ここは必ず立ち止まらせなくてはいけない。

> 　2つのグラフを見て、感想を言いなさい

　子どもたちから「1目盛りが1度のときは変化がわかりにくいけど、1目盛りが0.1度のときは変化がわかりやすいです」という感想が出る。

　大事なことは比較させ、よさを発見させることである。

　柱状グラフでも、教科書にはソフトボールの同じ記録を、2つのグラフで書かせる問題がある。横軸の区間の区切り方が違うのだ。

このように２つのグラフを見て比較させることは、全国学力・学習状況調査でも出題されている。

　けんたさんは、上の２つのグラフの、５月から６月までの「物語」の貸出冊数の変化の様子を見比べて、次のように言いました。

(平成28年度　算数B)

　２つの資料を見比べさせ、その違い、そのよさを授業で聞くことが大事である。

②　実際にグラフをかかせる

　子どもたちに実際にグラフをかかせることも大切である。

　単元の終わりに「折れ線グラフをかいてごらんなさい」「棒グラフをかいてごらんなさい」という。

　折れ線グラフならば、自分の身長の変化だとか、気温の変化だとか、と例を示す。棒グラフならば、昼休みに何をして遊んだか、好きな教科だとか、と例を示す。

　ここで「１目盛りは１にするんだよ」などと説明はしない。

　子どもたちに任せる。

　すると、子どもたちは気づく。

　「あれ、これじゃ、ノートに書けないぞ！」と。

　すると、子どもたちは、１目盛りを大きくしたり、逆に小さくしたりする。もしくは、省略の波線を縦軸に入れる。

　自分がかきたいグラフにするためには、縦軸をどうしたらいいのかを考えさせることがポイントだ。

　そして、教師がいちいち教えないことだ。単元の終わりの授業なのだから、手放しでどんどんかかせていく。

(3)　それぞれのグラフのよさに気づかせる

　「同じデータを棒グラフや折れ線グラフ、帯グラフなど違うグラフに

表したりして見比べる」ことで、それぞれのグラフの特徴、よさに気づかせることが大事である。

　棒グラフのよさ、折れ線グラフのよさなど、それぞれのグラフのよさの説明は教科書にある。

　例えば、柱状グラフならば「棒グラフと柱状グラフの似ているところやちがうところをいいましょう」とある。棒グラフと比較させ、ちらばりの様子がわかりやすいのは柱状グラフと気づく。

　折れ線グラフならば「折れ線グラフでは、線のかたむきぐあいで、変わり方のようすがわかります」とある。棒グラフと比較させることで、変わり方がわかりやすいのは折れ線グラフと気づく。

　気づかせたあと、キーワードで教える。

　柱状グラフ「ちらばり」
　折れ線グラフ「変わり方」
　円グラフ＆帯グラフ「割合」

　全国学力・学習状況調査でも「あきらさんは6・7月の水の使用量が1年間の水の使用量の4分の1より多いことを説明しています。下の1から4までのどのグラフを使うと最もわかりやすいですか」（平成26年度算数B）と出題されている。

　4分の1だから割合が表せるグラフがよい。

【林　健広】

5 算数が苦手な児童　対応スキル
このスキル効果あり！

算数が苦手な子どもへの対応スキル。

一番大事な原則は、「ほめ続ける」ことである。

6年生のA君。

3年生のときから算数が要録「1」だった。

前担任が「どうしようもないほど算数ができない」と言っていた。

4月に指針を立てた。「ほめ続ける」ことである。

ほめる①　小さなことをほめていく

大きなことでなくていい。

小さなことでいい。例えば、休み時間に教師が一緒にノートに日付を書いておく。

チャイムが鳴る。

「ノートに日付を書いている人、持っていらっしゃい」

A君がすぐにノートを持ってくる。

休み時間に教師と書いているから。

「すごい！　A君、一番だ！」

ノートに「1」と書く。

A君は飛び上がって喜ぶ。

「教科書5ページを開きます」

休み時間に、5ページを一緒に開いておいた。

「すごいなあ、A君、早い！」

下敷きを入れている、姿勢がいい、手の挙げ方がいい、返事がいい、字がきれい、でもいい。

とにもかくにもほめるのだ。ほめ続けるのだ。

Ⅳ　この支援スキル効果あり！　学習困難な児童対応スキル　　125

ほめる②　クラスの前でほめる

　Ａ君に対して、周りの子どもたちは「少し馬鹿」にしている。

　「Ａ君、算数で寝ていましたよ」

　「授業中、椅子を投げて担任の先生に叱られましたよ」

などと担任に言いにくる。

　こういうときは、「事実」で返していくしかない。

　向山型算数で有名な指導、赤鉛筆で教師が薄く書いていく。

　薄く薄く書き、なぞらせる。

　教師のところにノートを持ってくる。

　「すごい！　Ａ君、正解！」

　教師が大きくノートに○をつける。

　全体に聞こえる声で言うのだ。

　「Ａ君、算数ができるなあ」

　「先生、Ａ君が大好きだよ。算数がんばるもの！」

　黒板でもほめる。

　式を途中まで書く。

　「続きを書いてごらんなさい」

　Ａ君が書いている。正しい答えだ。ここが大事である。

　間違っている答えをノートに書いているときに指名してはいけない。

全体の前で恥ずかしい体験をさせる必要はない。

　成功体験のオンパレードでいい。

　６年生になるまで、何度も何度も何度も失敗し続けたのだ。

　「Ａ君、黒板に書いてごらんなさい」

　Ａ君は嫌がった。間違っているから嫌だ、という。

　小さな声で言う。

　「大丈夫だよ、正解だよ」

　Ａ君はしぶしぶ書く。

126

Ａ君が黒板に書き終わる。

「正解！」「Ａ君と同じ人？」

ざっと、クラスのみんなが手を挙げる。

「Ａ君と同じだなあ。Ａ君、算数ができるようになったなあ！」

黒板に書かせ、全体でほめる。

Ａ君は字がきれいだった。

黒板の字に○をつける。

「きれいだよなあ、Ａ君の字は。みんなも、このような字を書くんだよ」

Ａ君をモデルにするほめ言葉を使う。

Ａ君のテストの点数も上がってくる。50点から70点となる。うんとほめる。

「すごいよ。あともうちょっとだ。Ａ君ならできるよ。先生も一緒にがんばるから！」

そして100点を取る。

2学期の個人懇談。Ａ君ではない、Ｂさんの母親から言われた。

「家で話題になっているんですよ。あれだけ暴れていたＡ君が100点を取るようになっているって。すごいねえと」

全体の前でほめていくからこそ、生まれた事実である。

ほめる③　家族にほめてもらう

Ａ君以上に傷ついている人がいる。

それは母親である。毎日のように暴れたＡ君だから、毎日のように学校から電話がかかる。そのたびに、謝らなくてはいけない。

だからこそ、Ａ君のがんばりを母親に伝える。

「Ａ君、一番にノートを持ってきました」

「計算スキルで100点を取りましたよ」

一筆箋で書く。学校で会ったら声をかける。

個人懇談のとき、必ず算数ノートをどの保護者にも見せる。

A君の母親が泣いていた。

「ノートを見て、初めて安心しました。よくがんばっているのですね」

母親が家に帰り、A君をほめる。さらにA君は算数が好きになる。

ほめる④　校長にほめてもらう

4月。A君がきれいなノートを書いた。

定規で線を引く。

問題と問題の間は2行以上開けて書く。

すぐに校長室に行く。

「A君がきれいなノートを書いたのでほめていただけないでしょうか？」

校長にほめられ、A君は嬉しそうだった。

担任一人でなく、周りの教師の力を借りてほめていく。

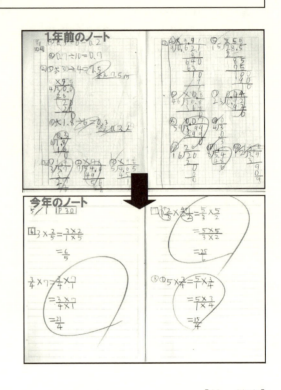

【林　健広】

6 ごく普通な児童　対応スキル
教科書を使って授業する！

　算数の学力向上には、教科書が鍵である。

　教科書を使って授業すると、3つのことが安定する。

　1つ目が、学習内容が安定する。教科書には必要なことが1ページ、もしくは2ページにおさめられている。誤字脱字もない。教師が作成したプリントと比べ、はるかに質が高い。

　2つ目が、授業時間が安定する。45分で終了できるよう組み立てられている。練習問題も、8問のところもあれば、2問のページもある。どちらも45分で終わるような量である。授業時間を過ぎ休み時間まで組み込むことがない。

　3つ目が、子どもが安定する。例題、類題、練習問題で教科書は構成されている。例題では先生と一緒に、練習問題では自分たちで解く、というように見通しがつく。見通しをもたせることは、特別支援を要する子どもにとっても有効である。

　学習内容、授業時間、子どもが安定する教科書を軸にして授業することが、学力保証の土台である。教師作成のプリントや、教科書を机の中にしまわせることでは、学力は保証できない。

　学力保証は、教科書を使うだけでは心もとない。

　教科書の問題が解けたのか解けなかったのか、チェックを入れさせることが大事である。この学習方法を身につけさせるだけで、クラスの平均点は10点以上向上する。

　解けた問題には、／線で消す。

　解けなかった問題には、✓を入れる。

　家に帰り、再度解く。

　解けたら、／線を入れる。

$$(1)\quad 0.6 + 2\frac{1}{4}$$
$$\checkmark(2)\quad 2\frac{5}{6} \times 3$$
$$\checkmark(3)\quad 2\frac{2}{3} \times 2\frac{1}{10}$$

Ⅳ　この支援スキル効果あり！　学習困難な児童対応スキル　　129

クラスの子どもたち。5月には、教科書の練習問題が終わるたびに、教科書チェックをするようになった。

丸付けがすんだ後、私が言う。

「先生、次に何ていうと思いますか？」

「教科書チェックをしなさ～い！」

「すごい！　その通り！」

「もうしています！」

卒業した教え子からも感謝される。教え子から手紙をもらった。「百人一首と教科書チェックが役立ちました」と書いてあった。学習「方法」を身につけさせることは、その学年だけで効果があるのではない。教え子が卒業しても、まだ効果が続く。

教科書チェックは、3つのポイントがある。

教科書チェック①　単元末に教師がチェックする

単元末にチェックする。大事なことは、教師がチェックすることだ。

「隣同士でチェックしなさい」なんて指示はしてはいけない。学習「方法」はなかなか定着しない。教師がチェックしなければ、いい加減になってしまう。

「大丈夫という人から、持っていらっしゃい」と指示する。ノートと教科書、両方持ってこさせる。

□　教科書チェックがどの問題にもしているか。

□　間違った問題はやり直しをしているか。

□　やっていない問題はないか。

この3つを教師がチェックする。

合格した子のノートには、合格印鑑を押す。合格した子は、読書などをさせる。

もちろん、教科書チェックをしていなかったり、間違いを直していなかったり、問題を飛ばしたりしている子もいる。
　その子にはやり直しをさせる。ここはいい加減にしてはいけない。再度書く。学習「方法」はなかなか定着しない。教師の毅然とした態度が必要だ。

> 教科書チェック②　間違えた問題は２回やり直しをさせる

　子どもが問題を間違えたときは２つのことをする。
　①　赤鉛筆で正しい答えをノートに書かせる。
　②　の終わりにもう一度、やり直しをさせる。
　つまり、一度間違えると、ノートは２カ所記入しなければならない。

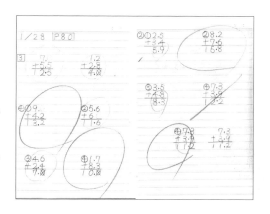

> 教科書チェック③　学年末にもう一度、教科書チェックをしているか調べる

　教科書チェックをしているかどうか調べるのは、単元末だけではない。学年末に再度、調べる。教科書のすべての問題を調べる。
　向山氏は、「3学期末には念を入れてもう一度調べる。教科書すべてにチェックが入っていないと気になるのである」(『向山全集78』p.24)と、書いている。教師がこだわらなければ、学習「方法」を子どもに身に付けさせることはできない。
　林成之ドクターは書いている。

> 　物事を達成する人と達成しない人の脳を分けるのは、「まだできていない部分」「完成するまでに残された工程」を認識し、そこにこだわるかどうかです。
>
> 　　　　　　　　　　（『図解　脳に悪い７つの習慣』p.40）

　できたところは、どこか。
　できなかったところは、どこか。
　できなかったところが、できるようになったか。
　教科書チェックは、成功体験を積ませるキモである。

　また、ノートも大事な学力保証の土台である。
　教師が45分の授業で少なくとも１回は、ノートに○をつけるのである。
　「３問目までできたら、ノートを持っていらっしゃい」と指示する。３問目だけに○をつける。
　これだけで、子どもの学力は向上する。
　何よりノートが美しくなる。
　教科書チェックも、ノートを丁寧に書くことも、学習方法の土台である。学習内容を教えるだけでなく、学習方法を教えることが大事である。

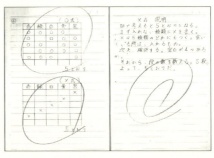

【林　健広】

全国学力・学習状況調査
算数B問題　解答要領

　全国学力・学習状況調査で、毎年「解説資料」が出されている。
　必ずこの「解説資料」を読むべきである。
　特に、「正答」と「誤答」は読む。
　授業で注意すべき点が見えてくる。

> 解答要項①　必ず条件にそって解く

　説明を書く問題には、必ず条件がある。
「数と言葉を使って書きましょう」
「式や言葉を使って書きましょう」
「言葉や数や式を使って書きましょう」
「はるおさんの説明に続くように」
「グラフから読み取れる貸出冊数に着目して」
「言葉や数、アからカまでの記号を使って書きましょう」
「【カード差】【2けたのひき算の答え】の2つの言葉を使いましょう」
　ただ、「説明を書きましょう」ではない。必ず条件がある。
　例えば、「数と言葉を使って書きましょう」とあるのに、「言葉」だけを使って書くと、間違いとなる。
　授業の中で、条件をつけて説明を書かせるようにさせる。
　そして、条件に合っていない説明は×をつける。
　教科書の説明問題には「説明しましょう」としか書かれていない。
　だから、教師が意図的に「言葉や数や式を使って説明しましょう」と条件を付け加える。

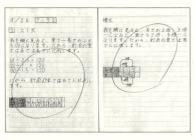 

解答要項②　比較する場合は、どちらも書く

　全国学力・学習状況調査算数B問題では、比較する問題が出ている。
　例えば、「買い方が一番安くなるわけを、言葉と数を使って書きましょう」「平成22年と23年を比べると、インターネットの貸出数は増えていますか。（中略）また、その番号を選んだわけを、2人の考えのどちらか一方をもとにして、言葉と数や式を使って書きましょう」などである。
　いくつかの方法のうち、いくつかの年のうち、どれが一番安くなるのか、増えているのかを説明する問題だ。
　「解説資料」には、「3つの買い方について、説明する対象を示す言葉と買ったときの料金をそれぞれ書いているものは正答とする」とある。
　また誤答の例として、「最も安くなる買い方の料金のみ書いていて、他の買い方をしたときの料金を書いていない」とある。
　つまり、「Aの買い方だと、〜。Bの買い方だと、〜。Cの買い方だと、〜。だから、〜である」とする。同じように「平成22年ならば〜。平成23年ならば〜。だから、〜である」とする。比較する問題は、例をすべて書かせる→まとめを書かせる、と日頃の授業で指導する。

【林　健広】

あ と が き

　全国学力学習状況調査は、現場を良い方向へ進めている。
　私が新採になったとき、ある研修会で講師が言った。
　「見えない学力をつけましょう」
　新採の私は質問した。
　「見えない学力がついたかどうかは、どう見るのですか？」
　講師は口ごもった。
　あれから16年後。
　誰も「見えない学力をつけましょう」などと言わないし、聞かない。
全国学力学習状況調査は、「どの子にも学力をつけさせる」という教師
として至極真っ当な方向へ進ませている。
　もちろん、過去問を1年間通して大量にさせたり、学テ対策のみで土
曜日に学校に来させたりする地域もあると聞く。過去問を1年間通して
大量に解かせなくても、土曜日に学テ対策のみで学校に来させなくても、
教師が日頃の授業を改善することが一番の対策である。
　そんなに大きな改善ではない。
　キーワードを○で囲ませる。条件に○をつけさせる。事実の説明は主
語と述語を入れて書かせる。このような小さな改善を日頃から続けてい
くことが、一番の対策である。教師の小さな積み重ねが、子どもの大き
な成長へつながっていく。

　本書が、先生方の日頃の実践で少しでもお役に立てれば、これ以上う
れしいことはありません。どうか職員室、教室の本棚に添えてお役立て
ください。

林　健広

○著者紹介

河田孝文（かわた　たかふみ）

1964年山口県生まれ。大学卒業後小学校教師となり、教育技術法則化運動（代表：向山洋一）に出会い参加。法則化運動解散後は、TOSS（代表：向山洋一）に続けて参加。TOSS道徳教育研究会事務局担当。道徳教育に限らず、全国の教育セミナーで授業づくりを中心とした講座を務める。『子どもの心をわしづかみにする「教科としての道徳授業」の創り方』（学芸みらい社）、『子どもに教えたい大切なルール』（PHP研究所）他、単著、編著多数。

大井　隆夫（北九州市立高須小学校）
平松　英史（福岡市立名島小学校）
吉谷　亮　（下関市立垢田小学校）
下窪　理政（下関市立長府小学校）
林　健広（下関市立小月小学校）

学テ算数B問題
―答え方スキルを育てる授業の布石

2018年1月31日　初版発行

著　者　河田孝文／林健広・TOSS/Advance
発行者　小島直人
発行所　株式会社 学芸みらい社
　　　　〒162-0833 東京都新宿区箪笥町31 箪笥町SKビル
　　　　電話番号 03-5227-1266
　　　　http://www.gakugeimirai.jp/
　　　　e-mail : info@gakugeimirai.jp
印刷所・製本所　藤原印刷株式会社
装丁デザイン・DTP組版　星島正明

落丁・乱丁本は弊社宛にお送りください。送料弊社負担でお取り替えいたします。

©Akihide Mine 2017 Printed in Japan
ISBN978-4-908637-57-5 C3037